旅游产业开发与竞争力提升探究

刘 芳 著

全国百佳图书出版单位　吉林出版集团股份有限公司

图书在版编目（CIP）数据

旅游产业开发与竞争力提升探究 / 刘芳著. -- 长春：吉林出版集团股份有限公司，2024.4
ISBN 978-7-5731-4937-4

Ⅰ.①旅… Ⅱ.①刘… Ⅲ.①旅游业发展-竞争力-研究-中国 Ⅳ.①F592.3

中国国家版本馆 CIP 数据核字（2024）第 091286 号

LÜYOU CHANYE KAIFA YU JINGZHENGLI TISHENG TANJIU
旅游产业开发与竞争力提升探究

著：刘　芳
责任编辑：王芳芳
封面设计：冯冯翼
开　　本：720mm×1000mm　1/16
字　　数：210 千字
印　　张：11.5
版　　次：2024 年 4 月第 1 版
印　　次：2024 年 4 月第 1 次印刷

出　　版：吉林出版集团股份有限公司
发　　行：吉林出版集团外语教育有限公司
地　　址：长春市福祉大路 5788 号龙腾国际大厦 B 座 7 层
电　　话：0431-81629929
印　　刷：长春新华印刷集团有限公司

ISBN 978-7-5731-4937-4　　定　价：68.00 元
版权所有　侵权必究　　举报电话：0431-81629929

前言

旅游是人类社会发展过程中出现的一种精神文化活动，现在，它已经成为一种全球性的社会活动。过去，旅游是能被具有一定品位、具有一定文化层次的人群所接受的社会性的活动，比如，中国古代文人的游玩。只不过，这样的一种旅游不是纯粹的旅游。纯粹的旅游是以审美和愉悦为内核的，是旅游主体在审美意识的支配下与客体之间建立的一种关系，并以审美活动的形式表现出来的一种达到心情愉悦的活动和现象。这样的旅游活动将旅游看作旅游者出行的首要目的，是旅游者独立进行的审美娱乐活动。

随着旅游主体范围的扩大，旅游业逐渐兴起，并获得了繁荣发展。旅游业是一种行业，也是一种业态，可以引申为旅游产业。旅游业具有经济属性，在这一行业领域内工作的人都可以获得收入；旅游业是一种社会行业，能促进经济发展，能促进社会的和谐发展。随着人们对旅游活动多样化需求的出现，旅游开发问题开始进入学界、旅游从业者的视野。旅游开发是一项复杂的工作，涉及许多方面：第一，旅游资源开发。每个地区都有着自己特色的资源，对这些资源进行针对性开发，有利于挖掘旅游资源的内涵，构建更具地域特色的旅游产业发展体系；第二，旅游产品开发。旅游产品开发是旅游资源开发的升级与拓展，不仅是对旅游资源的开发，更是对旅游设施、交通、餐饮、住宿、导游、娱乐等相关旅游服务，以及纪念品、旅游用品、消耗品等的开发；第三，旅游市场开发。旅游市场开发是旅游开发的高级阶段，需要以旅游产品开发为基础与前提。旅游市场的开发，能不断扩大旅游产品的销售规模，能显著提高旅游产品的价值，能增加旅游资源开发的效益。

对旅游资源、旅游产品、旅游市场进行有效的开发，一个主要的目的就是提升旅游竞争力。旅游竞争力是一个地区在旅游产业发展、旅游人才培养、旅游设施设备、旅游可持续发展等方面所展现出来的明显优于其他地区的能力。具备旅游竞争力，该地区的旅游产业将会实现飞速发展，能增加当地居民的收入，促进区域经济的显著发展。更为重要的是，当地特色文化的影响力也能显著增强。

基于旅游开发与提升旅游竞争力的现实意义，笔者在总结前人优秀研究成果以及自身丰富教学经验的基础上，对旅游开发与竞争力提升问题进行了探究。本书共分为六章，第一章介绍了旅游产业开发的基础知识，梳理了旅游产业理论，明确了旅游产业的要素，总结了旅游产业开发的模式与原则。第二章分析了旅游产业竞争力的基本问题，包括竞争力理论、产业竞争力、旅游产业竞争力与影响旅游产业竞争力的因素。第三章到第五章具体论述了旅游开发与竞争力提升问题，主要从乡村旅游开发与竞争力提升、城市旅游开发与竞争力提升、区域旅游开发与竞争力提升三个方面详细展开。第六章概括了提升山东省滨海城市旅游产业竞争力策略，对青岛市、威海市、烟台市、日照市、潍坊市、东营市与滨州市的旅游产业竞争力提升策略展开论述。

本书结构清晰，内容丰富，既有对旅游开发与竞争力提升的理论知识的阐释，又有对旅游开发与竞争力提升策略的总结，可进一步丰富旅游产业研究的内容。不过，由于时间仓促以及作者水平有限，书中不少观点可能存在疏漏之处，恳请各位读者批评指正。

目录

第一章 旅游产业开发探析 ……………………………………………………… 1
    第一节 旅游产业理论概述 …………………………………………………… 1
    第二节 旅游产业的兴起与发展 ……………………………………………… 8
    第三节 旅游产业的要素及产业链 …………………………………………… 14
    第四节 旅游产业开发的模式与原则 ………………………………………… 21

第二章 旅游产业竞争力分析 …………………………………………………… 25
    第一节 竞争力理论体系 ……………………………………………………… 25
    第二节 产业竞争力探析 ……………………………………………………… 32
    第三节 旅游产业竞争力解析 ………………………………………………… 38
    第四节 影响旅游产业竞争力的因素分析 …………………………………… 41

第三章 乡村旅游开发与竞争力提升探究 ……………………………………… 49
    第一节 乡村旅游概述 ………………………………………………………… 49
    第二节 乡村旅游资源开发 …………………………………………………… 53
    第三节 乡村旅游产业的发展方向 …………………………………………… 63
    第四节 我国乡村旅游产业竞争力提升战略 ………………………………… 71

第四章 城市旅游开发与竞争力提升探究 ……………………………………… 76
    第一节 城市旅游概述 ………………………………………………………… 76
    第二节 城市旅游资源开发 …………………………………………………… 82
    第三节 城市旅游产业的发展方向 …………………………………………… 87
    第四节 我国城市旅游产业竞争力提升战略 ………………………………… 93

第五章 区域旅游开发与竞争力提升探究 ·········· 99
  第一节 区域旅游概述 ·········· 99
  第二节 区域旅游资源开发 ·········· 104
  第三节 区域旅游产业的发展方向 ·········· 113
  第四节 我国区域旅游产业竞争力提升战略 ·········· 118

第六章 提升山东省滨海城市旅游产业竞争力策略 ·········· 123
  第一节 提升山东省滨海城市旅游产业竞争力总体战略 ·········· 123
  第二节 青岛市旅游产业竞争力提升策略 ·········· 131
  第三节 威海市旅游产业竞争力提升策略 ·········· 139
  第四节 烟台市旅游产业竞争力提升策略 ·········· 144
  第五节 日照市旅游产业竞争力提升策略 ·········· 148
  第六节 潍坊市旅游产业竞争力提升策略 ·········· 156
  第七节 东营市旅游产业竞争力提升策略 ·········· 161
  第八节 滨州市旅游产业竞争力提升策略 ·········· 165

参考文献 ·········· 170

第一章　旅游产业开发探析

旅游产业的需求和供给、产业环境与产业需求细分与旅游产业市场等条件是该产业存在和发展的前提。在实际运行中,我们所应关注的是旅游产业的现实发展。因此,本章将讨论旅游产业的开发这一现实问题。

第一节　旅游产业理论概述

一、旅游产业概念

(一) 旅游的定义与特点

旅游是个人前往异地,以寻求愉悦为主要目的而度过的一种具有社会、休闲和消费属性的短暂经历。在旅游这个时空转换过程中,旅游者希望获得的是某种快感,寻求的是精神和肉体的满足。因此,旅游活动在本质上就是旅游体验,旅游体验构成了旅游的内核。旅游本质上是一种主要以获得心理快感为目的的审美过程和自娱过程。人所能体会到的快感无非两种:生理快感与心理快感。目前主要存在三类旅游者:一类是唯美旅游者纯以审美为目的;一类是纯功利性旅游者纯以获得生理上的愉快为目的;还有一类就是上述两情况的组合,表现为既有明显的审美倾向,又不完全排斥对立的快感形式。旅游作为一种高度社会化的行为,已不可能完全受某种纯粹的生理需求所驱动。

旅游的突出特征是异地性和暂时性。旅游的异地性特征是指旅游活动的发生要以行为主体的空间移动为前提。但在实践中人们对所谓"常住地"的空间区划难以给出清楚的界定。旅游的暂时性特征是指旅游仅是发生在旅游者人生时间波谱中某一时段上的行为。旅游者按计划出游,然后按计划返回,旅游的这段时间也往往被看作对正常生活时间的一种逸出。在确定"暂时性"的时间界限时也同样存在困难,最终导致对旅游的界定不得不采用"概念性"和"技术性"的定义形式加以替代。旅游的以上两个特征,加上旅游在本质上对愉悦的追求,往往诱发旅游者行为表现出明显异乎寻常的倾向。在旅游空间当中,旅游者的行为在很大程度上依从情感原则而不是理性原则。①

(二)旅游产业的含义

旅游产业主要指随着我国旅游业的迅速发展,传统的旅游产业要素进一步扩展,各要素相互交织形成的一个紧密的旅游产业链。旅游产业具有三大动力效应:直接消费动力、产业发展动力、城镇化动力。在此过程中,旅游产业的发展将会为这一地区带来价值提升效应、品牌效应、生态效应、幸福价值效应。传统意义上的旅游产业要素就是人们经常提到的食、住、行、游、购、娱。如今的旅游产业要素已扩展为食、住、行、游、购、娱、体、会议、养生、媒体广告、组织、配套,这些要素相互交织组合,形成了九个类别的行业,构成了一个紧密结合的旅游产业链。旅游产业的经济本质,是以"游客搬运"为前提,产生游客在异地进行终端消费的经济效果。

(三)旅游产业属性

旅游活动及其社会功能演变需要从历史维度来考察,从旅游在生活中所具有的地位来认识。旅游是一项离开长居地到异地的游览活动。旅游活动起源于人类的迁徙和旅行。随着人类生产力的发展,旅行活动逐渐增多,旅行变得便捷和轻松,使得人们有心情和心思去欣赏沿途的风景,这时,旅行之余的游览功能就突显出来了。旅行之余的游览在人类历史长河中进化缓慢,零散而不具有稳定性,这一进程也是人类认识自然和接触不同地域风俗文明的过程。只有旅行之余的游览成为旅行的目的的时候,旅游才真正出现,而旅行则成为实现游览的手段,此时的旅游已具有现代意义上的旅游含义。

随着工业革命的推动,旅游活动和全球贸易一起成为经济全球化的一部分。旅游活动也带动了包括高星级饭店和旅行服务公司在内的旅游产业的发展。在世界各国经济发展史中,旅游活动都具有经济上的主要意义。特别是第二次世界大战以后,随着大众旅游的兴起和第三世界的崛起,旅游活动成为众多发展中国家获得外汇收入和促进本国服务经济发展的重要动力。中国对旅游的认识经历了一个从文化事业到经济产业,再到综合性的产业认识过程。

旅游事业是一项经济事业。国家对旅游事业的管理主要应当采取经济的办

---

① 舒伯阳. 旅游体验设计 [M]. 北京:中国旅游出版社,2021:7-9.

法，即运用价格杠杆和奖惩制度来调动各方积极性。一个国家的旅游业的发展很大程度上受制于基础性产业的发达程度，尤其是交通运输设备制造业、能源、石化等行业。旅游业的产业化和国民经济所处的发展水平之间的确存在一种必然联系，只有在进入工业化，尤其是经济进入相当于重化学工业化的发展阶段后，旅游业才可能进入产业化阶段。近年来，不少研究者从人类学、民族学和文化产业等角度对旅游的文化性进行研究，使旅游活动的综合属性得到进一步发掘。总之，在现代市场经济条件下，旅游活动归根结底离不开支撑其发展的经济条件和自身的经济属性。①

二、旅游产业的特点

（一）旅游产业的综合性特点

旅游产业的产品和服务是众多部门共同作用的产物，是以多种服务表现出来的集合体。旅游产业既涉及国民经济中的一些物质资料生产部门，如轻工业、建筑业等，又涉及一些非物质资料生产部门，如文化、教育、科技、卫生、金融、海关、邮电、园林等，同时包括一系列旅游企业，如旅行社、旅游饭店、旅游交通、旅游纪念品销售单位等。旅游产业的各个组成部门在不同的地点、以不同的方式向旅游者提供不同性质的服务，它们相互区别、相互独立、相互依存、相互补充，共同满足旅游者的复杂需求，共同保证旅游活动的进行。所以，旅游产业是一个横向联系广、综合性强的新兴行业，具有多层次、多方位、网络状、复杂性的特点。

（二）旅游产业的关联性特点

旅游产业本身具有较强的关联性，对相邻产业具有依托性和带动作用。旅游产业是依托性很强的产业。旅游产业的发展要以旅游资源为依托，才能吸引旅游者。旅游产业的发展又以国民经济总体的发达程度为依托，对于接待地而言，其国民经济的发达程度决定了该地发展旅游产业的程度，在一定程度上影响着旅游服务质量。旅游产业的依托性要求有关企业、部门和行业之间必须统筹兼顾、协调发展，否则将会严重影响旅游产业的经济效益、社会效益和环境效益的实现。旅游产业又具有带动作用。旅游产业在自身综合发展的同时，会促进航空、水运、公路、建筑、园林、林业、文化娱乐等事业的发展，还会推

---

① 高松，徐昌贵. 新时期旅游产业创新发展研究 [M]. 长春：吉林人民出版社，2020：47-48.

动生产、生活综合环境的整体提高。旅游产业能促进地区经济的开放和优化投资环境，这更是各地从实践中总结出来的经验。①

（三）旅游产业的季节性特点

季节性是指旅游产业的经营在一年里接待旅游人数有周期性的变化，出现明显的淡旺季。这种变化也反映在每月和每周当中。旅游产业淡旺季的出现给旅游企业经营带来了很大困难，常常旺季过旺，人满为患；淡季过淡，使人员不能发挥作用。因此，我们必须采取有效措施解决旅游产业发展中淡旺季出现的问题。

三、旅游产业的多种功能

（一）平衡国际收支的功能

一个国家获取外汇收入有多种方式，既可以通过货物的出口获取外汇收入，也可以通过为外国消费者提供各种服务产品换取外汇收入。对任何一个国家而言，两种换取外汇收入的方式都很重要。但比较而言，后者有其自身的优势。

（1）货物的出口要受制于进口国的各种关税壁垒和非关税壁垒，诸如产品质量、数量配额、反倾销限制等。在全球经济一体化和各国之间贸易数额增长的趋势中，一些国家出于保护本国产业和经济利益的目的，不时会采取贸易保护主义的手段，为其他国家产品进入本国设置种种障碍。这无疑增加了其他国家对外贸易和获取外汇收入的"交易成本"。而一个国家为外国消费者提供的服务产品则多在本国所在地发生。如交通运输业，它多在一国的境内为国内和国外消费者提供服务。因此，提供服务产品换取外汇的方式不会受到其他国家各种贸易壁垒的限制，其获取外汇收入的"交易成本"要低得多。

（2）发展中国家的实物出口产品多为劳动密集型产品或资源型初级产品，而发达国家的出口产品则多为资本密集型产品和高附加值产品。因此，双方的货物贸易，实质上是一种不公平的交易过程，这是国际贸易中的所谓"剪刀差"。国际中发达国家与发展中国家长期以来的经济差距，是造成这一现象的一个极其重要的原因。虽然各国普遍认识到了这种问题的严重性，但这一国际贸易格局迄今并未得到根本改善。但发展中国家为外国消费者提供服务产品，与同外国进行货物贸易相比较，不平等的差距则要小得多。鉴于此，一个国家，

---

① 杨莉虹. 多元视角下旅游产业发展研究［M］. 长春：吉林人民出版社，2021：16-17.

尤其是发展中国家，通过服务产品换取外汇收入较之通过货物出口换取外汇收入具有明显的比较优势。通过这个问题也透视出，发展中国家尽快提高第二产业在经济结构中的比重，不但是优化国内产业结构的需要，也是低成本地提高外汇收入的需要。

（二）促进区域经济快速发展的功能

旅游产业关系的联动性、发展进程的跨越性、产业空间的集聚性以及产品生产的组合性等特点，决定了旅游产业已经并将继续成为促进区域经济发展的重要力量，这是我们确定新时代旅游产业的功能定位时必须优先考虑的问题。旅游产业对区域经济发展的促进作用主要表现在增加就业机会、增加外汇收入、带动相关产业发展、优化产业结构、拉动内需等方面，成为区域经济的新的增长点。目前，我国已有多个省市将旅游列为支柱产业、先导产业、重点产业等。而旅游产业又是我国今后重点发展的六大产业之一。这必将强化旅游产业在促进区域经济发展中的强大作用。

（三）带动关联产业的功能

我们如果从直接税收的角度观察的话，可以从两个方面评价旅游产业的贡献。其一为旅游产业从业人员的个人所得税。个人所得税意味着旅游产业就业人数与旅游产业的直接税收关系密切。就业人数越多，则税收基数越大。其二为旅游经营企业所得税。旅游产业愈发展，旅游产业经营主体愈多，则税收愈多。旅游产业对政府税收贡献的另一个方面是关联性税收。许多与旅游产业相关的产业和部门，虽然其税收不能计入旅游产业直接税收，但它们从与旅游相关的业务中获取收入，从而为政府提供税收，这可以看作旅游产业对政府税收的间接贡献。旅游产业涉及的直接相关和间接相关的部门、行业、产业非常广泛，对与其相关的各类市场主体的经营绩效起着拉动和影响作用。

旅游产业以服务业为主体。但服务业内部，各个产业的覆盖面、辐射面的差异也非常大。旅游产业较之其他许多产业具有覆盖面大、辐射性强的属性。如旅游产业对交通运输产业就有着直接的拉动关系。

旅游产业对旅游目的地的商品零售业也有着直接的拉动作用。旅游者同时也是各种消费品的购买者，尤其是各地的特色产品，更是旅游者集中购买的对象。凡是在旅游资源丰富的城市和地区，旅游者往往是商品零售业的一个重要消费者群体。

旅游产业还可以直接促进旅游目的地文化体育事业的发展和繁荣。在旅游目的地，为了使旅游者获得全面的旅游娱乐服务，旅游目的地往往在旅游项目中设置具有特色的文艺、民俗等表演活动。

旅游产业的关联带动性要求我们对其功能分析时必须深刻认识和把握旅游业、旅游产业、其他产业、旅游区域之间的相互依存、相互影响的关系，特别是旅游产业对区域经济的带动作用，从而实现旅游产业和旅游区域的整合，提高整个区域经济的总体发展水平。

（四）创造就业岗位的功能

商品形态可以划分为生产消费品形态和生活消费品形态。生产消费品主要以生产资料的形式出现。在产品链条中，生产资料属于中间产品，并不是供居民最终消费的产品。生活消费品则以直接的最终消费品形式出现，它是若干生产消费品（中间产品）的集合，人们日常消费的均为这一形态的商品。通过比较不难看出，两种形态的商品，前者对于拉动消费具有间接性，而后者则具有直接性。居民用于旅游的支出所购买的产品和劳务，是各种最终生活消费品和旅游产业人员所提供的直接服务，它们无须再经过任何转化过程。因此，旅游消费在对内需的拉动上具有见效快、回收期短、回报率高的优势。除了直接拉动内需外，提高就业水平是旅游产业对社会经济发展的另一个重要贡献。旅游产业对就业的贡献表现为以下几个方面。

1. 旅游产业就业具有劳动密集型就业性质

旅游产业隶属于第三产业中的服务性产业。该产业的特点突出地表现为人对人的直接性服务：旅游团队需要旅行社的人员来组织；旅游交通需要各种交通工具的乘务人员为旅游者服务；旅游住宿需要宾馆各类人员为旅游者提供休憩服务；旅游餐饮需要厨师、前台为旅游者提供各种主食和菜肴；游览景区景点需要导游人员为旅游者进行解说和引导等。在旅游者的旅游全过程中，无处不需要人员的直接服务，这也就是旅游产业所谓的劳动密集型性质。因此，旅游产业的规模越大，就需要越多的从业人员。

2. 旅游产业在就业方面具有多层次性特点

旅游产业既需要诸如电子商务、市场营销、饭店经营管理、旅行社经营管理、高素质导游人员等高层次的从业人员，也需要大量一般层次的甚至以简单劳动为主的各类服务人员，诸如宾馆服务员、接待人员、饭店服务员等。旅游产业就业的多层次性使其具有工作类型多、就业面宽的优势，使多种类型的人员可以进入该产业就业。

3. 旅游产业具有就业的易进入性特点

旅游产业的劳动密集型与就业的多层次性决定了该产业的进入没有过高的门槛，比如技术要求、专业要求等。尤其是在旅游高峰期，当旅游服务需求量大幅度增加，相应需要大量增加从业人员时，各经营主体在较短的时间内，便会使新从业人员走上工作岗位。作为季节性特别强的旅游产业，这一点显得尤为突出。这也为劳动力市场的季节性就业提供了一个较大的空间。

在当前我国经济结构战略性调整时期，如何提高社会就业水平，已经成为我们建立和谐社会、节约型社会必须优先解决的问题。旅游产业是一个劳动密集型产业，为旅游者直接提供产品和服务的旅游景区、旅行社、旅游饭店、旅游交通、娱乐购物等都需要大量的劳动力，这就增加了旅游目的地的直接就业机会。同时，旅游产业又是一个关联性极强的产业，不仅自己可以直接提供就业机会，而且也可以通过产业链的增加促进农业、制造业、商业零售业、食品加工业等部门的间接就业。因此，通过大力发展旅游产业来增加社会就业在一个相当长的时期内仍将是我国旅游产业的重要功能。

（五）改善投资环境的功能

旅游产业提供了开展经济合作的必要物质条件。基础设施已经成为投资环境的重要组成部分。发展旅游产业必定会推进交通、电力等市政设施和饭店、娱乐场所等旅游设施的建设，这为旅游目的地吸引外来投资提供了较好的条件。旅游产业是朝阳产业，有投入少、产出高、效益见效快等特点，对外资的吸引力大。旅游产业本身的发展可以强化旅游目的地管理者的服务意识和当地群众的开放意识，并促进政策环境的改善。这种思想观念和政策软环境，作为重要的投资软环境，其吸引外来投资的作用更大。

旅游产业本身是国际合作的内容，投资环境的改善更有利于对外开放、促进国际合作、推进经济交流。随着世界经济一体化趋势和知识经济的到来，国际交流与合作在迅速发展，旅游产业的国际交流功能也必将进一步得到强化。旅游是国家间相互了解的使者。旅游为人们提供了各种接触的机会，而这种接触使不同民族和不同文化之间的相互了解成为可能。作为一个国家维系对外关系的窗口，旅游业的发展有利于加强各国之间了解，改善国际关系，增进友好往来，维护世界和平。

国际旅游业的发展，不仅使世界各国各地区之间的政治联系得到加强，也使经济、科技、文化、教育、体育等方面的联系进一步加强。各种国际性的会议旅游、科技旅游、会展旅游、商务旅游、工业旅游、农业旅游、生态旅游等已经成为扩大国际交流和合作的重要媒介。特别是在当前世界经济全球化的大背景下，加强国际旅游的交流与合作，更具有重要的现实意义。它不但可以使我们学习借鉴国外先进的旅游经营管理理念、方法、技术，更可吸引国外的物力、财力、人力等方面的投资，为我国旅游业的发展奠定雄厚的物质基础提供原动力，使我国在激烈的国际旅游市场竞争中，立于不败之地。

第二节 旅游产业的兴起与发展

一、旅游产业的兴起因素

19世纪初期，近代旅游已经兴起，而且从整个世界的发展情况来说，旅行在很多方面都已开始具备现代旅游的一些特点。19世纪40年代至第二次世界大战期间的资本主义产业革命对整个世界产生深远的影响，促使旅游业中无论是国内旅游还是国际旅游都有了突破性的进展。产业革命成为旅游发展历史上具有里程碑意义的一个事件。

（一）旅游的需求

我们纵观旅游产业发展的历程，不难看出，旅游活动不仅是一种空间上的地理流动，还是一种复杂的经济现象和社会文化现象的结合体，因此，旅游产业的发展受自然、社会经济和文化几方面的共同影响，是人类同它所赖以生存的环境发生相互作用的一种新形式。人们对新世界的渴望和好奇，推动人们不断去探险和猎奇，这就是人类需求的一种表现，我们称之为旅游需求。旅游需求是人的一种高层次的需求，是一种发展人的自身潜在力的需求，是一种追求美感刺激的需求，是一种创造或者建立人们自己的个性和性格的需求。

人们的旅游需求是一种高层次的包括生理、心理、社会、文化、历史、自然等因素在内的多样化的需求，而旅游资源的丰富多彩恰恰给人提供了同时满足多样需求的机会。因此，在近代大工业和交通迅速发展的基础上，在人们生活水平大大改善的背景下，20世纪50年代，人们的这种潜在的旅游需求终于变成现实可行的显现需求，旅游终于大规模地开展起来，并成为现代旅游产业兴起和发展的内在动力。

近代交通工具的发展对旅游业的发展进程有重大的影响作用。产业革命带来技术的快速进步，大大降低了各种旅行成本。火车价格的回落大大降低了旅行费用，其快速的运输能力、大幅度的运量、大面积的活动范围，给外出旅游创造了便利条件。同时，由于劳动大众要求带薪假期的斗争迫使资本家做出有限的让步，劳动人民赢得了某些传统假日带薪休假的权利。所有这些为更多的人外出旅游提供了机会，使人们走出去参加旅游活动成为可能。旅行社的出现促进了旅游业的发展。

刚刚兴起的旅游活动产生了一系列问题：绝大多数人没有旅游的传统和经验，不了解异国他乡的情况，不明白有关旅游的手续，语言和货币方面也存在障碍，这就使得希望或有可能外出旅游的人，实际上不能出游。也就是说，潜在的旅游者不能成为现实的旅游者，有了旅游需求但旅游供给不能满足，出现了旅游需求和旅游供给的结构性矛盾。在这种社会大需求之下，就需要有人提供这些方面的帮助。

其中，市场需求是一个产品、一项产业产生、发展的主要原因，没有市场需求的产品、产业是无论如何也发展不起来的。而市场需求，说到底也是人的需求。正是人的需求创造了旅游产业。

（二）社会生产力的进步

旅游需求是人类的一项重要的生活需求，然而在漫长的历史过程中，在工业迅速发展的近代，人类的这种需求仍然是一种潜在的需求，而没有成为一种重要的现实需求，所以也就不可能产生真正经济意义上的旅游产业，最多只能是一种旅游活动。旅游需求要成为一种现实需求，并导致旅游产业的产生和发展，还是要受到社会生产力发展水平的制约。随着现代科技的大规模产生和在经济领域的广泛应用，社会生产力飞速发展，全球经济空前繁荣，大大加速了全球财富的积累和人们生活水平的提高。这些都带来了旅游产业的兴起，并推动旅游产业高速发展。

（三）交通工具的改善

交通工具和交通运输条件的改善，为旅游产业的兴起和发展提供了重要条件。人们的旅游需求要转化成现实的旅游行动，并借以产生旅游产业，除了受到收入水平的限制外，交通问题恐怕又是一个最为直接的制约因素。在漫长的古代和生产力较为发达的近代，即使有了火车、汽车、飞机，交通条件仍一直是现代意义上的旅游产业难以形成的最直接的一个原因。

20世纪50年代以后，随着科技日新月异的进步，交通工具得以不断改进，交通设施包括机场、铁路和高速公路等不断修建和完善，逐步形成了完备的交通网。

（四）国家对旅游产业的投入

世界各国对旅游产业的持续投入和旅游市场的激烈竞争，推进了旅游产业的发展和成熟。旅游产业自诞生以后，便快速发展。旅游产业对其他相关产业巨大的带动作用，引起世界各国政府对国际旅游产业的极大关注。20 世纪 70 年代以后，世界各国尤其是各主要资本主义国家加速建设、完善旅游设施。20 世纪 80 年代以后，各国都把发展旅游产业作为发展本国经济的重要措施，纷纷大量投资，形成了旅游产业全球性大发展的良好势头。旅游市场的激烈竞争则是推动旅游产业发展、成熟的又一内在的动力。特别是 20 世纪 90 年代以后，各国竞相发展旅游产业，开辟国际旅游市场，导致市场竞争愈演愈烈。为了在激烈的市场竞争中赢得更多的市场份额，各国不断完善本国旅游产业，增强自己的竞争能力，使得旅游从业人员的素质不断提高，各种旅游设施日益完善，旅游活动的内容更加丰富，旅游营销手段变化无穷。这些都不断地推动着旅游产业规模的扩大和旅游产业的发展。

二、旅游产业的发展

当前，中国旅游业正处在时序变迁、新旧交替的关键阶段，准确判断中国旅游业生命周期发展阶段，明确旅游产业发展的时空格局演变特征和驱动机制，有助于厘清每一阶段旅游供给及旅游需求的演进逻辑，为旅游业的现实困境提供更全面的视角，对其进行更深入的分析，从而提出更具针对性的问题解决对策。[①]

（一）1949 年到 1978 年的中国旅游产业的发展

该阶段旅游业主要以外事接待为使命，对扩大政治影响、宣传中国建设成就和加强国际友好交往做出了重要贡献。中华人民共和国刚成立时期的旅游业在这一阶段中开始逐渐起步，从无到有，其中有两方面的突出成就对我国旅游事业、旅游产业的发展产生了重要且深远的影响。一方面是围绕中国的外事和侨务活动而创办旅行社，另一个方面则是建立了旅游行政管理机构。

旅行社的兴起及发展过程反映出旅游业从中华人民共和国成立到改革开放前的探索式演变轨迹。1949 年 10 月成立的华侨服务社是中国的第一家旅行社，主要职责是为回国探亲访友的海外侨胞开展接待工作。随着我国与其他国家正式及民间外交关系的推进，我国的国际地位不断提升，同时吸引了越来越多的外国人来到中国。1954 年 4 月在北京、上海等多个地区成立的中国国际旅行社，其成立背景及初衷便是为了做好外国自费访华者的接待工作。出于对散落在全国各地的华侨服务分社进行统一管理的考虑，中国华侨旅行服务总社在

---

① 赵传松，任建兰，张宝雷，等．中国旅游产业生命周期判断及其时空格局演变［J］．统计与信息论坛，2019（9）：85-91．

1957年4月成立，并在1974年更名为中国旅行社。

中国旅游行政管理机构最早是在1964年6月成立的，被称为"中国旅行游览事业管理局"，而管理局的成立是我国当代旅游业发展史上的一个关键节点。自此，中国旅游业具备了有专门职能的旅游行政管理机构，我国旅游事业及旅游经营活动开始步入规范导向的发展轨道。

（二）1978年到1992年的中国旅游产业的发展

在政府的大力支持与号召下，这一阶段的旅游业从"国家开放的先导"转变为"经济发展的先驱"，旅游业经济功能逐渐凸显，其主要任务就是带动社会经济发展，而旅行社、饭店及星级酒店等随着国家的开放开始崭露头角。

该阶段我国将工作重心转移到经济建设上来。市场经济机制开始被引入我国原有的计划经济体制之内，市场化改革逐渐在我国国民经济各领域拉开帷幕。旅游的经济作用受到重视，尤其表现在赚取外汇收入、缓解外汇短缺上。在这一阶段中，我国旅游业由改革开放前的外交附属事业转变为经济属性事业。[①]

（三）1992年到2009年的中国旅游产业的发展

20世纪90年代，国家政策导向以促进国民经济持续稳定发展为中心。1992年到2000年为市场化改革的制度初步建立阶段。在1992年到2000年期间，我国旅游业在"吃、住、行、游、购、娱"等产业要素方面形成了基本的发展框架和规模基础。1998年，中央经济工作会议明确提出将旅游业确定为国民经济新的增长点。因此，旅游业的主导地位仍是经济功能，通过上下游产业链带动全社会经济发展和人民生活水平提高，人们开始出现旅游需求，且旅游需求开始呈现上涨趋势。但此时，旅游供给总量相对短缺，旅游需求量的增长驱动旅游业投资热潮，旅游业开始迅猛发展。此阶段的旅游业呈现出明显的朝阳产业特征，边际效益增长较快，观光游览成为旅游消费的主导诉求与产品内容，此时的旅游供需处于总量上升阶段。2000年到2009年为处于市场化改革的制度完善阶段。

进入2000年以后，旅游产业迅速崛起，并随着旅游业改革的推进而进入腾飞阶段，旅游业持续高速发展，旅游供给总量迅速攀升。2001年，国务院《关于进一步加快旅游业发展的通知》提出要树立大旅游的观念，这标志着旅游业从经济产业定位上升为综合性产业。经济的强劲发展带动人民生活水平大幅提

---

① 程玉，杨勇，刘震，等. 中国旅游业发展回顾与展望［J］. 华东经济管理，2020，34（3）：1-9.

升,旅游需求被充分唤醒,大众旅游时代到来,旅游业呈现供需两旺,旅游成为人们常态化休闲消费模式。尤其在我国加入世界贸易组织(WTO)之后,在国民经济快速发展的影响之下,我国旅游业也跨入了发展的快车道,打造了集旅游供应商、旅游媒介、旅游消费者、旅游支撑条件等于一体的旅游产业体系。

(四) 2009 年至今的中国旅游产业的发展

旅游业完成了由经济功能属性向政治功能、社会功能属性的全面过渡,成为创造人民幸福生活、促进社会和谐发展的具有多功能综合属性的民生产业,旅游消费需求在这一阶段转型升级。

经济的高速发展使得国民收入快速增长,外出旅游成为普通居民的基本权利和大众精神生活的刚需,旅游主体呈现出明显的大众化特点。[①] 随着可支配收入、旅游阅历、闲暇时间、技术发展、社会环境等因素的积极变化,人们的旅游消费需求开始优化升级。大众旅游向个性化旅游发展,复合型和精准型的旅游产品供给成为大众美好生活的创造者、发展不平衡的协调者。主体的大众化、形式的多样化、空间的扩大化、目的地的休闲化日渐成为这一阶段旅游需求新趋势,追求优质旅游体验成为民众获得愉悦感和浪漫感的旅游消费导向。

2018 年文化和旅游部成立,文旅融合、全域旅游进程加快。这进一步彰显了旅游业的政治功能与社会功能,明确了旅游业的综合性产业属性。旅游产业的经济使命已基本完成,开始从单纯的经济属性向更多非经济属性转化,成为集经济功能、政治功能及社会功能为一体的综合性民生产业。

现在,旅游供给存量已达到饱和,开始呈现供过于求的特征,传统的旅游资源、资本和技术要素边际报酬率已经处于衰减期。面临游客对旅游需求的转型升级,旅游存量的质量缺口逐渐显现,产品同质化现象严重,需要创新升级,供需之间矛盾逐步显现。[②]

三、中国旅游产业发展的基本经验

(一)"从国情出发、到民情落脚"的基本经验

从国情出发、到民情落脚,是我国旅游业发展的立足点。

---

① 王克岭,董俊敏.旅游需求新趋势的理论探索及其对旅游业转型升级的启示 [J].思想战线,2020 (2):132-143.

② 舒伯阳,徐其涛.中国旅游产业的演化与后疫情时代的发展转型 [J].中南民族大学学报(人文社会科学版),2022,42 (2):73-80,184.

中国旅游业几十年的发展道路总结的第一条基本经验，是对我国作为一个发展中国家国情的认识、尊重和服从。旅游业要从国家、民族和社会的发展实际出发，实事求是地做出旅游发展战略及决策。改革开放前，我国旅游业具有强烈的政治支配色彩，重点为政治服务。改革开放后，在特定历史阶段中国家优先发展入境旅游、后发展国内旅游和出境旅游，这一旅游发展次序也是国情背景下的发展产物。

同时，我国旅游业秉持发展为民的理念，从国情出发，回归到民情之中。在中华人民共和国成立以来的时间里，时代变迁引发的巨变牵动着我国旅游业的发展方向和速度，也构成了我国旅游业发展的主要内容。不论时代如何前进，民情和民生是我国旅游业发展的最终归宿。1985年出台的《关于当前旅游体制改革几个问题的报告》、1993年出台的《关于积极发展国内旅游业的意见》及2009年出台的《国务院关于加快发展旅游业的意见》等条例都在围绕如何为我国广大民众提供更好的旅游供给而做出基于发展阶段政治、经济特征的制度安排。因此，我国特定国情实况及其随时代而变化的动态特征成为"中国式"旅游发展图景的厚重底色。

（二）正确处理旅游产业与政府和市场的关系

政府与市场的关系，是我国旅游业发展的方向盘。中国旅游产业在长达几十年的发展道路中，总结出了宝贵的发展经验，其中一条经验就是要正确处理好旅游产业、政府与市场的关系。中国旅游产业的发展模式不能全盘借鉴发达国家的发展模式，而是要根据中国的市场经济体制来制定发展计划，在政府的领导下完善旅游产业体系。中国旅游产业既要顺应市场的发展趋势，也要听从政府的指挥，在政府的支持下向前发展。中国旅游产业的发展正是因为顺应了市场经济体制和政府制定的政策，才有明显的阶段性发展特征。旅游市场化进程在不同阶段之间表现出政府与市场的动态变化关系。就我国旅游业而言，旅游市场经济的萌芽、培育和发展实质是在政府主导型发展模式下而逐阶段推进和展开的。中国旅游业发展过程中政府与市场关系正确处理的核心在于随经济社会的阶段性演进和旅游业演化而对政府与市场职能不断调整并进行优化配置。

（三）始终坚持改革开放的国策

始终坚持改革开放国策，是我国旅游业发展的根本要求。中国旅游业发展道路的第二条基本经验，为始终坚持改革开放，并将改革开放进行到底。对外开放和市场化改革是我国旅游业取得巨大成就的主要动力源泉之一。对外开放将我国整体经济社会发展放到全球化视野之下，从国际投融资、经营模式、管理理念等方面推动我国旅游业以开放的姿态学习国际先进做法、融入世界旅游圈层、自我革新并成长，推动旅游业态百花齐放，如探险旅游、营地旅游、研学旅游等受到不同细分市场的欢迎和热捧。

第三节　旅游产业的要素及产业链

一、旅游产业的要素

（一）旅行社要素

旅行社是依法成立，专门从事招徕、接待国内外旅游者，组织旅游活动，收取一定费用，实行自负盈亏，独立核算的旅游企业。旅行社作为旅游业的"龙头"，不仅是旅游产品的设计、组合者，同时也是旅游产品的营销者，在旅游经济活动中发挥着极为重要的作用。因此，旅行社发展的规模、经营水平及其在旅游产业结构中的比重，直接对旅游经济发展产生重要影响。

旅行社发展要点：①各区县重点扶持发展国内旅行社，以满足国内旅游迅速发展的需要；增加国际旅行社和中外合资旅行社，以加强国际旅游合作；进一步扶持民营旅行社，优化旅行社结构和资本配置，激发旅行社业的活力；②规范旅行社经营行为，开辟一批特色旅游线路和精品旅游项目，创建知名品牌；采取兼并、联合等方式进一步扩大旅行社企业规模；③组建以国际旅行社为先导、以国内旅行社为主体的旅行社接待体系；积极组织中低档价位的假日旅游、家庭旅游、近郊旅游等大众化旅游产品，以进一步拓展国际和国内客源市场；④改变"重组团、轻散客"的传统旅游经营方式，实现团队、散客、省内省外、区内区外、国内国外协调发展，形成多元化的客源市场格局。

（二）旅游饭店要素

旅游饭店是为旅游者提供食宿的基地，是一个国家或地区发展旅游业必不可少的物质基础。旅游饭店数量、饭店床位数多少标志着旅游接待能力强弱；而旅游饭店的管理水平高低、服务质量好坏、卫生状况及环境的优劣，则反映了旅游业的服务质量的高低。因此，旅游饭店业在旅游产业结构中具有十分重要的地位，没有发达的、高水平的旅游饭店业，就不可能有发达的旅游业。

旅游饭店发展要点：①在档次结构上，以市场为导向，调整饭店档次、类型结构；抓紧低档次饭店的改造和更新，适度新建具有国际先进水平的高档豪华饭店；在保证服务质量的前提下，着重提高各档次饭店的经营管理水平，突出特色化经营；②在类型功能上，多样化与专业性相结合；应根据各地自身的实际情况，兴建一批专业性饭店，如度假型饭店、景观型饭店、会议型饭店等；同时配合建设适量的商务、会议、度假、家庭、青年旅舍、汽车旅馆和一些露营地；③经营方式上，走集约化经营、集团化发展之路；积极引进著名国际、国内饭店联号管理公司，拓宽饭店业的客源渠道，提高饭店的整体经营管理水平；④加快行业体制改革，塑造饭店住宿业市场主体。[1]

（三）旅游资源要素

旅游资源开发，包括对各种自然旅游资源、人文旅游资源及文化娱乐资源的开发及利用，并形成一定的旅游景观、旅游景区及各种旅游产品和组合。目前，全国各地虽然都投入了很大力量进行旅游资源开发，从而形成了一批在国际上有一定知名度和吸引力的旅游景点、旅游景区（包括风景名胜区、度假区等）和旅游线路，但从整体上还未把旅游资源开发作为旅游产业结构的一个重要的组成部分来看待。各地不仅在旅游资源的开发建设上没有专门、统一的规划和建设；而且在行业管理上也政出多头、缺乏统一的宏观协调和管理，从而导致旅游景区、景点建设的滞后。因此，我们必须把旅游资源开发纳入旅游产业结构中，加快开发和建设。

（四）旅游娱乐与购物要素

旅游是一种以休闲为主的观光、度假及娱乐活动，因而丰富的旅游娱乐是旅游活动中的重要组成部分。随着现代科技的发展，旅游娱乐业在旅游产业结构中的地位正日益上升，旅游娱乐业在增强旅游产品吸引力、促进旅游经济发展方面的作用也不断增强。旅游购物是旅游活动的重要内容之一。随着现代旅游经济的发展，各种旅游工艺品、纪念品、日用消费品的生产和销售正不断发展，形成了商业、轻工业、旅游业相结合的产销系统和大量的网点，这不仅促进了旅游经济的发展，也相应带动了民族手工业、地方土特产品等轻工业、手工业的发展，促进地方经济的繁荣。[2]

旅游购物开发要点：①加大对旅游商品开发的扶持力度，把旅游商品的开发、生产和销售引入旅游产业总体发展规划和议事日程，促进旅游商品的开发、

---

[1] 张鹏杨. 昆明市北部乡村旅游开发研究［M］. 北京：中国旅游出版社，2020：32-34，36-37.
[2] 马潇，韩英. 旅游景区开发与区域经济发展［M］太原：山西经济出版社，2022：67-68.

生产和销售，加大旅游商品开发的招商引资力度，使旅游商品开发上档次和规模化；②发挥市场机制和骨干企业的示范带动作用，对在市场竞争中已走出成功路子并获得市场认同的企业，通过发挥这些企业的示范作用，引导和带动其他企业向生产集约化、经营规范化、产品名牌化的目标发展；③支持旅游商品科研、设计及产品创新，积极鼓励和支持有创新意识和有条件的研究设计单位与企业紧密结合，为企业进行产品设计创新，开发具有地方特色的精品旅游商品；④实施旅游商品名牌发展战略，积极鼓励和大力推广注册商标和专利申报，以此来提高和维护旅游商品特别是名牌产品及商家的声誉；加大新闻媒体的宣传力度，向海内外宣传和推荐名牌旅游商品，增强市场拓展的影响力。

二、旅游产业链

（一）旅游产业链的概念阐明

产业链理论起源于制造业，它主要研究产业内部各种生产要素之间的连接关系和企业之间的供应关系和价值形成，具体来说，产业链是指从自然资源到消费品再到达消费者手中这一生产销售过程中所包含的各个环节所构成的整个生产链条。在产业链中，每一个环节都是一个相对独立的产业，因此一个产业链也就是一个由多个相互连接的产业所构成的完整链条。

产业链的核心内涵主要包括四个方面：一是产业链是分层次的，产业链中的资源通过上、中、下游企业逐层向下一产业转移并最终到达消费者；二是产业链是一条价值链，即产品价值随着产业链延伸而增加，产业链上的企业群共同创造和分享产业链上的价值利益；三是产业链是共生于一个生产体系中相互关联的企业生态综合体；四是产业链上的链核对产业的发展有重大意义。

旅游产业链思想来源于产业链理论，它是指引当前旅游业深入发展的重要理论工具，根据产业链的概念和基本内涵，可以将旅游产业链定义为：以旅游业中的优势企业为链核，以旅行社、饭店、旅游交通、旅游商品、旅游景区等相关行业和企业的共同利益为基础而结合起来的，共同直接或间接地为旅游者提供旅游产品和服务，满足旅游者需求的旅游企业生态综合体。

在旅游产业链中，旅行社、饭店、旅游交通、旅游商品、旅游景区等相关行业之间是一种合作、互补关系，其中任何行业发展滞后，都会影响旅游产品的完整性，影响旅游产业效益的提高。

（二）文化旅游产业链

1. 文化旅游产业链的概念

文化旅游产业是在文化产业和旅游产业各要素相互耦合基础上形成的多层次、多要素的创新系统。文化旅游产业是一种综合性产业，以文化创意内容为核心，以观光旅游活动为载体，注重文化场景营造。

2. 文化旅游产业链的优化

（1）以政府引领、头部企业为主体构建文化旅游企业链生态

一是制定完善配套政策。我国要研究制定文旅产业链制度设计、专项规划指导、知识产权保护等配套政策，确定我国各地区文旅产业发展重点地区、重点方向和重大项目，做好协调推进、组织实施、案例征集、应用推广等工作，广泛开展数字文旅产业发展试点，鼓励推出数字文旅特色应用场景，及时总结提炼最佳实践，建立健全文旅产业发展考核机制，提供优良的营商环境。

二是扩大高水平开放合作。头部企业通过参加政府组织的跨区域产业链招商、并购、引进、参股等方式提高产业垂直整合度。培育头部企业需更多考虑企业的个性发展需求，争取做到"一链一策""一企一策"，为头部企业发展壮大营造良好的发展环境。文化旅游企业需要通过创新特色文化资源开发模式，为文化旅游产业开拓市场，具体应充分挖掘自身特色和文化资源优势，通过融合各类特色文化资源、传统节日文化资源、现代创意文化资源以及手工艺文化资源等开发出适合市场需求的新产品。[①]

（2）以文旅商多元融合为目标，促进价值链攀升

一是推动文旅产业"上云用数赋智"。我国要聚焦新发展理念，实施文旅商产业数字化战略，推动"数字文旅"从偏向市场后端的互联网经济，向前端要素市场、底层新基建及后端产业应用的全要素、全流程、全业态数字化转型迈进，促进数字技术、互联网技术在文旅商领域加速融合；加强智能化分析与管理，优化现有业务价值链和管理价值链，实现从业务运营赋能到产品和服务创新，进而实现企业的转型升级。

二是推动集成商引领产业升级。为满足消费者更高层次需求，文旅企业通过资本重组、业态重组、结构重组、商业重组等，实现技术、资本、人才等高端要素资源的流动与汇聚。例如，科技、会展、体育、音乐、工业、农业、康养、中医药、传统节日等文化业态与旅游活动重组，形成研学旅游、会展旅游、体育旅游、音乐旅游等新业态，包括公共景区产品线、智慧旅游产品线等，优

---

① 马先. 新时代背景下文化康养旅游产业链的创新发展［J］. 旅游纵览，2023（3）：167-169.

质产品线使得集成商实现向产业价值链高端攀升。

（3）以要素整合满足顾客需求，推进供需链优化

一是打通供需市场衔接。数字商业平台的崛起，为文旅产业供需链创新提供契机。线上引流是第一步，破维消费才是关键。我国要打造新媒体产业发展引领的文化创意产业集群，立足以基地为龙头，以要素为基础，整合优势产业资源，以消费性和生产性需求为动力，形成以新媒体产业为引领，以游憩商务区、夜间经济体验和综合设计创意产业集群为核心，涵盖文化旅游、影视制作、策划创意、休闲体验、文创产品、购物消费等在内的产业集群链，加快数字经济助力文旅产业延长市场半径，开启文旅消费新通道。

二是开展要素全方位整合。供需链优化重点在于，供需链最终产品或服务供给能否与消费者需求相契合，从而提升产品附加值，推动文旅消费提质扩容。把文化艺术全面融入"吃、住、行、游、购、娱、商、养、学、闲"等各种旅游消费要素，不断满足消费者多元化、个性化、人性化、定制化需求。旅游企业要根据消费者的不同年龄段、不同出行方式、在不同旅游季节和异地居家式生活体验等消费新需求，不断创造新供给，实现旅游市场细分化、旅游产品特色化、旅游营销专业化和旅游服务精细化。[①]

（三）全域旅游产业链

1. 全域旅游的概念及特点

全域旅游主要是指在特定区域，对旅游相关产业进行整体融合，以此促进其融合发展。全域旅游不仅使旅游产业更具规模性，也使旅游产业链得到人们的重视和关注。全域旅游产业链具有较强的全局性、整合性、共享性、空间性与协调性。全域旅游产业链在整体宏观角度中，致力于全域旅游资源的优化，这种资源整合不仅需要多方共同联动配合，也使旅游产业的空间性和共享性较强，从而增加旅游产业链的价值，也为旅游效益增加奠定基础。

2. 全域旅游背景下旅游产业链的延伸策略

（1）加强系统开发，促进产业整合并加强产业创新

在全域旅游背景下，旅游产业链延伸，需要加强对地方土地的开发，也需要加强对不同土地功能的规划，这样才能有效提升土地资源利用效率，并促进旅游功能业态的完善。一是土地在开发过程中要尽量保持原有景点特色。企业也要对其进行创新性开发，必须使其周边配套形成联动趋势，这样才能促进景

---

① 陈瑾，陶虹佼，徐蒙. 新发展格局下我国文化旅游产业链优化升级研究［J］. 企业经济，2022，41（11）：123-133.

区经济有效发展，使旅游产业链附加价值不断增加。二是促进产业链延伸时，企业必须加强特色创新，特色创新可以形成品牌效应，从而使旅游产业链更加完整。三是企业可以通过营销创新为产业链延伸奠定基础。并且，旅游产业链在延伸过程中，可以加强与其他地区的联动，加强联动，可以实现资源整合，也能促进产业链延伸，从而使全域旅游更具规模化。

（2）加强全方位规划，争取形成全领域联动

全域旅游背景下想要促进旅游产业链延伸发展，必须加强全方位规划，才能有效形成全领域联动。一是企业必须打破传统旅游产业发展观念，减少景点孤岛现象，这样才能形成全域旅游模式，促进整体旅游经济发展。企业可以将全区域进行整体旅游规划，不仅要促进其形成产业融合态势，也要促进旅游项目多元化，以此促进旅游产业链延伸。二是企业要加强资源整合，促进产业布局优化，以此促进旅游产业链延伸。三是企业要加强全过程服务，不仅要使游客有较好的服务体验，企业也可以打造吃、喝、玩、乐一条龙，使游客根据个人需求制定个性化旅游方案，从而保障产业链的多元化。四是企业要加强全领域联动，不仅要充分挖掘周边客户资源，也要加强市场宣传及开拓，以此促进旅游链产业的延伸和完善。

（3）加强宣传营销，为全域旅游产业链的延伸创造条件

企业想要促进旅游产业链的延伸，为旅游产业链的延伸创造条件，还应该注重宣传营销，在进行宣传营销时，应该以用户的满意度以及体验度作为宣传的核心来进行，对传统的泛旅游式的宣传性营销模式，进行适当的改善，创设全新的宣传营销模式，尽可能地创设起能够对全域旅游背景下的旅游产业链进行支撑的宣传营销共同体，从而为产业链的延伸创造条件，带动旅游产业链的延伸。①

（4）完善和健全全域旅游产业融资环境

在全域旅游背景下，旅游产业链延伸需要较多资金支持。因此，企业可以通过完善和健全融资环境，吸引更多资金促进旅游产业链延伸。一是企业要加强融资结构优化，并根据全域旅游特色，开发相关文旅产品，也要加强特色景区开发，开发景区时也要保护生态环境。也可以加强全域联动，对不同功能地区进行特色化创新，以此促进产业链延伸。二是企业要优化投资环境，加强融资理念创新，不能仅将创新停留在喊口号阶段，也要敢想敢做。加强投资是促进发展的唯一方式，必须形成投资—发展—收入—升级—投资，一系列完善的良性循环，这样才能吸引更多企业进行旅游产业投资，从而为旅游产业链延伸

---

① 高梦婷. 全域旅游背景下的旅游产业链延伸路径［J］. 当代旅游，2021，19（5）：70-71.

奠定资金基础。三是政府和管理部门要加强资金使用监管，不仅要避免资金浪费现象，也要保证资金使用合理化，这样才能达到利益最大化，从而促进旅游产业链的有效延伸，使旅游配置不断优化和完善。①

（四）生态旅游产业链

1. 生态产业链概念

生态产业链在传统产业链的基础上进行了改造设计，是新型产业系统活动。生态产业链协调经济系统与生态系统，不同于传统产业链的高消耗和高投入，而是具有再循环、减量化的特点，在生产实践过程中践行了循环经济理论。生态产业链将传统生产链中的单向线性操作模式"资源—产品—废物"改进为循环操作模式"资源—产品—再循环"，可以在生产过程中实现资源的多层次利用，减少废弃物排放。因此，生态产业链是一个非封闭的循环系统，是一个不断与外界进行物质、能量与信息交换的开放的耗散系统。

2. 基于生态产业链理论的生态旅游产业链发展对策

（1）统筹规划，助力生态旅游产业链的发展

生态旅游产业是新的旅游产业发展模式，这就要求各部门在生态旅游业发展过程中通力合作，在旅游开发建设阶段、旅游服务及经营管理过程中秉承低功耗、低危害、低污染的原则，采用各种节能低危害的建筑原材料，从而减少建设过程中对森林环境的污染。此外，生态旅游产业链要充分发挥政府协调功能，协调文旅、财政、商贸、国土、农业、水利、林业等相关部门，整合产业资源，共同推进绿色产业建设，倡导生态旅游消费新模式，推动节约型旅游产业发展。

（2）加强营销，促进生态旅游产品的销售

当前旅游行业竞争激烈，在生态产品从设计到生产再到最终流向消费群体的过程中，营销发挥着巨大作用。为更好地销售生态旅游产品，生态旅游产业链可采用多角度营销手段，在新媒体平台上不断推送生态旅游产品相关信息；结合线下系列活动，利用节假日开展节庆营销，举办生态知识讲座等；综合多种营销方式，扩大产品销售市场。此外，生态旅游产品需要立足自然禀赋，这就要求在旅游发展过程中保持生态旅游资源的原始性和真实性。生态旅游产业链要采用数字营销方式，相较于传统旅游分销渠道更能体现生态环保的特点，

---

① 褚骏超. 全域旅游背景下的旅游产业链延伸探索［J］. 产业与科技论坛，2021，20（21）：11-12.

积极推进景区数字化建设，构建智慧服务平台，为游客提供便捷高效的个性化服务。①

第四节　旅游产业开发的模式与原则

一、旅游产业开发的模式

（一）旅游产业商品开发模式

旅游商品开发指开发主体通过市场调查、分析、规划、设计、组合、包装、宣传等一系列活动，将旅游资源转化为旅游产品并推向市场进行交换的过程。它包含两方面的含义：一是对原有旅游商品的改善和更新，即在原有旅游商品生命周期即将结束，已不适应市场需求变化的情况下，通过对旅游市场需求的调查和预测，在原有旅游商品的基础上进行部分结构、功能或其他特性的改造或更新，从而使其延长生命周期，继续进行市场交换；二是对尚未开发利用的资源进行加工建设，从而产生一种新的旅游商品，新商品的结构、功能、价值等特性与原有商品有着本质的不同或者显著的差异。

1. 市场需求吸收的模式

市场需求吸收模式指按旅游市场需求，即按旅游者消费需求开发新产品。市场需求是旅游商品开发的直接动力，也是旅游商品开发的起点和归宿。

2. 新技术推动的模式

新技术推动模式指按科学技术发展的规律来组织旅游商品开发。科学技术不仅是新旅游商品产生的源泉，而且也是新旅游商品开发的动力和基础。科学技术的发展为旅游商品开发提供了重要的手段，扩大了科学技术的应用范围，同时也提高了旅游商品的开发效率。

（二）旅游产业景区开发模式

1. 经济开发型旅游景区开发

经济开发型旅游景区完全以盈利为目的，基本上采用了现代企业管理模式，

---

① 曹清芳. 基于生态旅游产业链理论的大容山生态旅游发展建议［J］. 漫旅，2023，10（8）：76-78.

正在朝"产权清晰、权责明确、政企分开、管理科学"的现代企业制度发展。

（1）主题公园开发

主题公园用舞台化的环境气氛为游客提供主题鲜明的旅游体验，完全采用市场化运作的方式经营。主题公园的管理体制经历了事业管理向企业管理的转变。

（2）旅游度假区开发

旅游度假区的管理采用的是政府指导下的企业化管理模式，设立国家旅游度假区管理委员会负责规划、基础设施建设与招商。国家级旅游度假区的开发与经营则采取企业市场化运作方式，企业自主经营、自负盈亏。

2. 资源保护型旅游景区开发

以保护为主的旅游景区往往是以公共资源为依托的，景区的目标具有多重性，景区资源的社会文化与环境价值超过经济价值。景区资源具有不可再生性。

（1）自然风景区开发

自然风景区是在自然环境演变中天然产生的景区，具有美的欣赏价值和参观乐趣。自然风景区在旅游景区中分布最广，也是大众旅游最喜欢的一种景区。常见的自然风景区包括风景名胜区、森林公园、自然保护区、世界自然遗产等。

（2）历史文化名城开发

历史文化名城是指保存文物特别丰富，具有重大历史文化价值和革命意义的城市。被列入名单的均为保存文物特别丰富、具有重大历史价值或者纪念意义且正在延续使用的城市。它们的留存，为今天的人们回顾中国历史打开了一个窗口。

（三）旅游产业线路开发模式

成功的旅游线路设计的质量决策需要做好以下工作。

1. 先进行市场调查、研究和预测

企业通过询问调查、实地调查、统计分析等多种方法进行广泛细致的市场调研，系统地收集市场动态信息，以确定客户市场对产品的需求；还应注意旅行社内部其他部门对旅游产品质量的信息反馈，这是提高产品决策质量不可或缺的环节。必要时，企业应对旅游合同进行评审，以最后明确客户的质量要求，包括客户未明确说明的期望和所持有的偏爱的预测。

2. 进行可行性分析

在市场研究的基础上，企业要根据旅游线路发展目标、生命周期和发展趋势等情况的预测，对旅游线路开发的必要性进行论证，从企业的人、财、物等方面对旅游产品开发的可行性进行论证，再从旅游产品性能、安全性、经济效益方面做出效果分析，然后，将各方面综合分析考虑后，形成决策结果。

3. 采用先进的旅游线路开发技术

旅游线路的质量竞争实质上就是技术的竞争。旅行社必须注重加强科研和生产的密切结合，有条件的旅行社应从旅游线路开发上充分利用先进的计算机网络工具，通过建立信息数据库，及时为开发提供最前沿的国内外信息，提高开发起点和技术创新的水平。

4. 加强旅游线路设计人员的管理

旅游线路设计人员在很大程度上决定着旅游线路的质量，所以企业应该确认线路设计人员是否具备资格。参与线路设计的人有三类：一是精通旅游市场、熟悉线路内容和具有相当线路设计能力的营销人员；二是熟悉旅游者需求、了解旅游者心理的导游人员；三是有一定经验、熟悉美工及电脑设计程序的设计人员。这些人联合组成线路设计团队，可以发挥各自的优势和特长，取长补短。

5. 重点分析旅游线路设计的经济问题

旅游线路的设计不仅仅是技术问题，更是一个经济问题。线路设计的经济分析，主要是研究线路设计的变化与费用成本变化方面的关系，其核心内容是计算产品的成本和投资费用。做好旅游线路设计的经济分析，有助于旅游产品价格的制定。

二、旅游产业的开发原则

（一）资源依托、市场导向的开发原则

这个原则是指旅游开发要以资源状况为基础，高度重视市场的需求状况、特征及其变动趋势。这是在市场经济条件下一切生产建设活动都必须遵循的原则，而旅游是天然的市场派，因此，其是作为旅游资源开发和项目建设的首要原则。在市场经济中，任何产品都是为别人的需要而生产的，都必须被需求方认可、接受，才能实现生产经营的目的，即实现价值由商品形态向货币形态的转化，实现营利的目的。

在旅游开发中突出资源依托、市场导向原则的特殊意义，首先在于旅游项目、产品全部都是为别人，即为市场生产的同样内容和功能的项目和产品，只要由生产者自行消费，就不是旅游项目和产品，这是由旅游的定义决定的。这一原则的特殊意义还在于旅游资源转化为旅游项目和产品后，其外在特征变化不大，因此往往有人将旅游资源等同于旅游项目和产品，进而以为决定旅游发展状况和前景的主要是资源条件。

（二）保护优先的开发原则

企业发展生态旅游前应事先调查分析当地自然与人文资源特点，评估旅游发展可能带来的正负面影响，拟订生态旅游规划，进行适度开发，并制订长期管理与监测计划，将可能的负面冲击降至最低。企业要重视对生态保护区域的规划，对旅游者的可活动范围进行必要管制，勾画出旅游者不可进入的区域，避免人为活动对生态脆弱地区的破坏。而对于可以进行旅游开发与游客观赏的区域，企业要以小规模发展为原则，必要时可限制游客观览的时间和游客流量。

（三）突出特色、扬长避短的开发原则

在旅游开发中强调突出特色、扬长避短的原则，特殊意义就在于，旅游吸引力最初就产生于文化的差异性，求新、求奇、求特、求知是主要的旅游动机和目的，它们还是实现求乐目的的重要途径。通俗地说，对于旅游者而言，所有其不了解、不熟悉的事物都会使之产生去了解、探求、体验、感受的动机，而自己所了解和熟知的事物通常是不可能对其产生旅游吸引力的，旅游的一个主要目的就是去了解、认识新、奇、特的事物和寻求新的感受、经历、知识。因此，旅游开发和生产必须特别重视特色。

（四）围绕中心、成龙配套的开发原则

这个原则是指旅游项目和产品的开发建设，必须在抓住中心的同时，注意协调配套，形成成熟的项目和产品。在项目和产品开发的各个环节、各个方面都必须始终注意突出、体现其中心、主题，不能随意规划、选择、建设、组合内容而形成没有主题、没有红线、没有特色的项目和产品。企业要在项目和产品的设施建设上注意协调配套，且在等级、档次、规范等方面基本协调，并逐步增加设施和服务的数量、等级，以增强可选择性。

第二章 旅游产业竞争力分析

旅游产业竞争力研究对于促进旅游产业的发展具有重要作用，是目前学术界的热门研究内容。本章主要对旅游产业竞争力进行简要分析。

第一节 竞争力理论体系

一、国际竞争力理论

在1985年，世界经济论坛（World Economic Forum，WEF）首次提出了国际竞争力的概念，认为国际竞争力是"一国企业能够提供比国内外竞争对手更优质量和更低成本的产品与服务的能力。"1991年，瑞士国际管理发展学院（International Institute for Management Development，IMD）和世界经济论坛认为，国际竞争力是指在世界范围内一国企业设计、生产和销售产品与服务的能力，其价格和非价格特性比国内外竞争对手更具有市场吸引力，这一竞争力环境，既是一国传统、历史和价值体系变迁的结果，也是政治、经济和社会发展的产物。在塑造国际竞争力环境中存在着四种力量，即吸引力与扩张力、本土化与全球性、资产与过程、个人冒险精神与社会凝聚力。一国只有主动把握与平衡这四种力量，才能推动国际竞争力的发展。

（一）吸引力与扩张力的关系

经济全球化要求各国实行经济开放的模式，而这一开放过程是双向的，它既可以吸引国外的商品和资本，也可以对外输出商品和资本，目前，世界多数国家存在着引进吸收能力与输出扩张能力的不平衡，它们对国民经济产生不同的影响，如果二者相互补充，其影响将在很大程度上决定一国的国际竞争力状况。

(二) 本土化经济与全球性经济的关系

本土化经济是限于国内市场的传统生产方式，而全球性经济是跨越国界的现代生产方式。这两种不同的生产方式在不同国家经济中的比重因经济规模和发展水平而异，开放的小国较多地依赖于全球性经济，而大国则较多地依赖于国内市场。在过去 20 多年，本土化经济受到来自全球性经济的强烈冲击。因此，以本土化经济为主导的国家如何参与和适应全球性经济，是该国提升国际竞争力的关键所在。

(三) 资产与过程的关系

国际管理发展学院的国际竞争力计算公式：竞争资产×竞争过程=国际竞争力。所谓竞争资产是指自然资源、土地、人口等继承而来的资产，竞争过程则是一国把资产转化为增加值的能力。一般说来，过去的竞争过程所创造的产出会转化为现时的竞争资产。发达国家经过活跃的竞争过程，积累起雄厚的竞争资产，而发展中国家由于没有经历这种活跃的转化过程，其竞争资产十分薄弱。资产竞争力较弱的国家必须依靠发展过程竞争力来实现竞争资产的扩张。

(四) 个人冒险精神与社会凝聚力的关系

所谓的"盎格鲁-撒克逊模式"强调冒险精神、废除管制、私有化和个人责任，追求社会福利体系最小化，与此相对立的"欧洲大陆模式"强调社会凝聚力、一致性和平等主义，追求广泛的社会福利体系。这两种社会发展模式各具优缺点，人们难以评价其优劣。近年来"盎格鲁-撒克逊模式"盛行起来，成为不少国家追求的目标模式。在塑造国际竞争力环境的过程中，政府既要鼓励冒险精神和个人奋斗，同时也要顾及社会的协调与稳定。

通过 20 多年来对国际竞争力理论与政策的研究，国际管理发展学院提出了一国提升国际竞争力的十大要素。这十大要素分别是：

(1) 创建一个稳定、可预测的法治环境；
(2) 构造一个灵活和弹性的经济结构；
(3) 对基本基础设施和技术基础设施优先投资；
(4) 促进私人储蓄和国内投资；
(5) 在吸引国外直接投资的同时增强在国际市场上的扩张力；
(6) 政府和行政管理部门需在服务质量、工作效率和透明度方面努力创新；
(7) 保持工资水平、生产率和税收之间的合理关系；

（8）减少收入分配不公，扩大中间阶层，确保社会结构的稳定优化；

（9）增加教育投资，尤其是注重中等教育水平的提高和劳动力的终身培训；

（10）保持经济运行在全球化和本土化之间的整体协调，促进国民财富创造能力的持续提高，维护公民意愿及其所追求的价值体系。

二、比较优势理论

（一）古典学说

1. 亚当·斯密的绝对优势理论

18 世纪的英国古典经济学家亚当·斯密（A. Smith）是古典经济学分析框架的奠基人，他的《国富论》首次构建了一个统一和完整的经济学分析体系，而贯穿这一体系的是自由放任的市场经济思想。[①] 该思想认为，生产成本和劳动生产率的绝对差别是形成国际分工和国际贸易的基础，即集中生产并出口具有劳动生产率和生产成本"绝对优势"的产品，进口不具有"绝对优势"的产品，比该国什么都生产更有利。在贸易理论上，这一学说被称为"绝对优势理论"。"绝对优势"理论解释了产生贸易的部分原因，也首次论证了国际贸易可以是一个"双赢"的局面而不是一个"零和游戏"。但该理论存在着很大的局限性，因为在现实社会中，一个国家较另一些国家可能不具有任何生产技术上的优势，但是两国之间的贸易仍然在发生。对于这种绝对落后和绝对先进国家之间的贸易，亚当·斯密的绝对优势理论是无法解释的。[②]

2. 大卫·李嘉图的比较优势理论

为了能解释绝对落后和绝对先进国家之间的贸易现象，著名经济学家大卫·李嘉图（D. Ricardo）创立了比较优势理论。该理论认为，劳动生产率上的相对差别是国际贸易产生的基础，而非绝对差别。因为劳动生产率的相对差别是生产成本和产品价格的相对差别的源泉，这种相对差别产生了产品上的比较优势，从而促使国际贸易和国际分工的产生。根据该理论，每个国家都应进口具有"比较劣势"的产品，并出口其具有"比较优势"的产品。但在李嘉图的比较优势理论中，劳动是唯一的生产要素，国与国之间由于技术的不同产生劳动生产率的差异。

---

① ［英］亚当·斯密. 国富论［M］. 胡长明，译. 重庆：重庆出版社，2005：1-2.
② 余迪. 基于比较优势理论探讨应用型本科旅游管理专业实践教学［J］. 佳木斯职业学院学报，2022，38（6）：132-134.

（二）资源禀赋理论

以上提到在古典比较优势理论中，劳动是唯一的生产要素，但随着技术的进步，资本和自然资源逐渐成为劳动生产率提升的关键。为此，以伊·菲·赫克歇尔（E. F. Heckscher）和博尔蒂·俄林（B. G. Ohlin）为代表的经济学家发展了李嘉图的比较优势理论，创立了以资源禀赋理论（H-O 理论）为核心的新古典贸易理论。[①] 在该理论中，生产要素不仅包括劳动，自然资源和资本资源也被列入生产要素的范畴。总的说来，该理论认为，国际贸易的产品成本差异是由两个原因造成的。

第一，各国或地区生产要素禀赋不同，即各国（地区）生产要素的拥有状况不同。一般说来，如果一个国家（地区）拥有较为丰裕的生产要素，其产品价格就便宜，反之，其产品价格就高些。

第二，生产各种商品所需投入的生产要素的组合或比例，即商品生产要素的密集度。比较成本的差异来源于各国或地区生产商品所投入的生产要素的组合或比例的不同。因此，在某种商品生产中，如果一个国家（地区）密集使用低廉的生产要素，并对生产要素进行最佳组合，就能在该种商品上拥有较低的比较成本。

H-O 理论和以李嘉图为代表的比较优势理论在说明比较优势时均使用了相对比较的原则，因此，H-O 理论实质上是李嘉图理论的发展。它们的区别在于：李嘉图仅用劳动生产率之间的差异来说明比较优势的形成，而 H-O 理论则用多种要素禀赋的差异来说明比较优势的形成。不过，资源禀赋理论存在着局限性，该理论没有考察要素禀赋产生的原因，即要素禀赋是静态的。在经济高速发展的今天，生产要素、自然资源可以在国际流动；随着技术的进步，自然资源可以被改良、再造，也可被新材料代替；此外，经过人力投资，可以克服劳动力数量不足的问题。也就是说"天赋要素并不是固定不变的"，物质、人力资本甚至自然资源都会随着时间和技术的进步而变化，要素的变化是动态的。

（三）当代贸易理论

20 世纪 60 年代以来，随着发达国家之间的贸易量不断增加、同类产品间的贸易大大增加以及产业领先地位不断转移等国际贸易新倾向的出现，由于技术的进步，生产要素不再仅仅包括劳动、资本和土地，一些新要素，如人力资本、技术和产业集群等，逐渐成为决定一国（地区）比较优势的重要因素，传

---

① 李钒，孙林霞. 国际经济学 [M]. 天津：天津大学出版社，2020：29-30.

统的比较优势理论面临着挑战。最具代表性的是，经济学家里昂惕夫（W. Leontief）经过实证分析发现，要素禀赋理论无法解释新的贸易现象（著名的"里昂惕夫之谜"）。于是，技术差距论、产品周期论、人力资本说以及偏好相似学说应运而生，促进比较优势理论的进一步发展。

当代贸易理论主要包括以下几个理论。

1. 产业内贸易理论

各行业内同类不同质的差异产品间的贸易为产业内贸易。二战后，随着商品经济的迅猛发展、垄断寡头以及跨国公司的产生，产品的差异性不断加大，国际贸易，特别是发达国家间的贸易，逐步表现为产业内贸易的成分不断增加。这完全背离了古典和新古典经济理论中贸易应该更多地发生在技术差距较大和要素禀赋差距较大的国家（或地区）之间的基本假定。在此背景下，格鲁贝尔（H. J. Grubel）和劳埃德（P. J. Lloyd）提出了国际产业内贸易的概念。[1] 他们将国际贸易分为两大类：

一是在要素禀赋相差比较大的国家（地区）之间的贸易，比如不发达国家用初级品交换发达国家的工业品（即产业间贸易），这类贸易形式可以用传统的 H-O 理论来解释；

二是具有相同或相似生产要素的国家（地区）间进行的贸易（即产业内贸易），而同类产品的产品差异性是促使这类贸易产生的源泉。格鲁贝尔和劳埃德又将该差异性分为水平差异性和垂直差异性。水平差异性是指那些由于消费者对产品的态度从而导致对产品的不同偏好，如消费者对不同花色产品的偏好。而垂直差异性是指产品在质量上存在差异性。不完全竞争、规模经济和专业化分工使得产品种类和质量多样化，从而形成产业内贸易。产业内贸易理论将比较优势理论更细化到产品的内部，使比较优势理论得到了进一步的发展。

2. 产品生命周期理论

产业内贸易理论从不完全竞争、规模经济和专业化分工的角度出发，解释了同类产品以及发达国家之间的贸易状况。但怎样解释发达国家间贸易模式的变动和产品领先地位的变动？美国经济学家雷蒙德·弗农（R. Vernon）通过分析产品技术的变化对贸易格局的影响，提出了产品周期学说。他将新产品的技术发展分为 3 个阶段：新产品阶段、成熟阶段和标准化阶段。各个阶段对生产要素的需求不同。第一阶段（新产品阶段）所需的生产要素是发达的科学知识和大量的研发经费。第二阶段（成熟阶段）需要的是机器设备和先进的劳动技能。第三阶段（标准化阶段）所需的要素是劳动力成本。可见，该理论认为要

---

[1] 强永昌. 产业内贸易论 国际贸易最新理论 [M]. 上海：复旦大学出版社, 2002：99-100.

素禀赋不再是静态的而是动态的，其随着产品的技术发展周期不同而不断改变。

3. 需求决定理论

产品生命周期理论从技术发展的层面揭示了要素禀赋的动态性。而瑞典经济学家戴芬·伯伦斯坦·林德（S. B. Linder）则从收入和需求的变化来解释促使要素禀赋不断变化的动因。林德的理论认为，对同一产品的需求不同会造成价格的差别，从而产生贸易，因此，需求变动是产生贸易的基础，而收入变动又是引起需求变动的重要因素。林德认为，内外部需求的变动实际上促成了生产要素的不断改进。该理论动态地解释了比较优势理论中要素禀赋产生的部分原因，是对比较优势理论的发展和完善。总体上看，比较优势理论遵循从绝对到相对，即从单一到细分、从静态到动态的发展过程。其从绝对优势学说到单一以劳动生产率为唯一因素的比较优势理论，再到多因素的静态的要素禀赋学说，再到细分到产业内部的产业内贸易理论以及动态的产品生命周期理论和需求决定理论。

三、核心竞争力理论

（一）基于整合观的核心竞争力

竞争优势是通过战略部署一些资源与能力获得的。1990 年，核心竞争力的概念被首次提出，核心竞争力是协调不同生产技能和整合组织内多种技术流的共同知识。他们强调"协调"和"整合"，认为核心竞争力的形成需要企业技能或技术的有机协调和整合。麦肯锡咨询公司的专家将核心竞争力定义为：核心竞争力是一个团队中根深蒂固、相辅相成的一系列技能和知识的组合，借助这种能力，可以按照世界一流水平实施一个或多个核心流程。

（二）基于知识观的核心竞争力

巴顿（L. Barton）是基于知识观研究核心竞争力的代表人物。他将核心竞争力定义为一组能够区分和提供竞争优势的知识集合。

这个知识集包含四个维度：

(1) 员工的知识和技能；

(2) 技术系统；

(3) 管理系统指导；

(4) 与各种类型的嵌入式知识相关的价值和规范。

第四个维度通常与其他维度分开或被忽略。然而，理解它对于管理新产品、流程开发和创造核心竞争力至关重要。

巴顿提出的核心竞争力的解释为：第一个维度，体现在人身上的知识和技能，是最常与核心能力相关的一个维度，也是与新产品开发最明显相关的一个维度。这个知识/技能维度包括公司特有的技术和科学理解。第二个维度，嵌入技术系统的知识，它是人们头脑中隐性知识多年积累、编纂和结构化的结果。这种物质生产或信息系统代表了知识的汇编，通常来自多个单独的来源；因此，整个技术系统大于其各部分的总和。第三个维度，管理系统，代表了创造知识的正式和非正式的方式。通过这三个维度注入的是第四个维度：在公司内分配给知识内容和结构的价值，收集知识和控制知识的方法。①

（三）基于文化观的核心竞争力

根据拉法（Raffe）和佐罗（Zollo）的观点，企业的核心竞争力不仅存在于企业的业务运营子系统中，还存在于企业的文化体系中。其根源在于人与环境之间的复杂关系。核心竞争力的积累包含在企业文化中，并渗透到整个组织中。正是由于企业文化在组织内部达成共识，为核心竞争力提供了基础。

（四）基于组合观的核心竞争力

在《战略管理行为》（1998）一书中，康特（M. K. Coulter）认为核心竞争力是在一个组织中创造价值并为多个产品或企业共享的技能和能力。这一定义不仅指出了创造价值和被多个产品或企业共享的特征，而且在技能和能力的基础上定义了核心竞争力。鲍哥纳（W. C. Bogner）和托马斯（H. Thomas）在《核心竞争力和竞争优势》一书中提出，核心竞争力是指企业能够更好地引导企业实现与竞争对手相比的最高客户满意度的专有技术和认知。这些认知包括：

（1）解决非结构性问题的秘密和组织规则；

（2）在特定情况下指导商业行为的共同价值观；

（3）隐性理解技术组织动力学与产品市场之间的相互作用。

因此，核心竞争力的定义应该包括技能、隐性知识和企业价值观。海利劳德（D. Helleloid）和西蒙（B. Simonin）在《组织性学习和企业的核心竞争力》中简单地定义了核心竞争力：包含了企业组织独特的物质的、人力资源、组织的和协调资源的能力。

---

① 邹统钎. 旅游目的地地格理论研究［M］. 北京：中国旅游出版社，2022：98-99.

第二节 产业竞争力探析

一、产业竞争力的内涵

产业竞争力是国家竞争力的重要指标。国家竞争力是指一个国家创造增加值和国民财富持续增长的能力和国家经济实力,包括产品竞争力、企业竞争力、产业竞争力等。产品竞争力是指该产品在市场竞争中取胜获利的能力。产品的价格、质量、品牌以及营销活动是决定产品竞争力的直接因素。企业竞争力是指一个企业在市场中所具有的能够持续地比其他企业更有效地向市场提供产品或服务,并获得盈利和自身发展的综合素质能力。[①]

产业竞争力其实既是一个相互比较的概念,也是一个具有区域性质的概念,就是在一定区域内产业生产力的比较,指某国或某一区域的某个特定产业相对他国或某一区域同一产业基于经济效益基础上的生产能力和市场占有能力。产业竞争力包括两个方面,即产业国际竞争力和国内区域产业竞争力。

(一)产业国际竞争力

产业国际竞争力主要是指各国同类产业在国际市场上基于经济效益基础上的生产能力和市场占有能力。

在市场经济中,经济活动的关键环节是生产效率和市场营销,产业竞争力最终通过产品的市场占有份额来衡量和检验。在工业社会,追求经济效益以尽可能少的投入生产尽可能多的产出是人类经济活动的基础原理。所以,产业竞争力归根结底就是各国同类产业或同类企业之间相互比较的生产力。

(二)国内区域产业竞争力

国内区域产业竞争力主要是指一国同类产业在国内市场上基于经济效益基础上的生产能力和市场占有能力。

国内区域产业竞争力来源于企业竞争力、人才竞争力、结构竞争力、集群竞争力、技术竞争力、持续竞争力、制度竞争力和协作竞争力以及文化竞争力等多个方面。

---

① 王刚,曹秋红. 林业产业竞争力评价研究 [M]. 北京:知识产权出版社,2020:9-11.

（三）产业竞争力的实质

产业竞争力的实质就是产业的比较生产力。比较生产力，是一个企业（行业甚至整个工业）能够以比竞争对手更有效的方式持续生产出消费（包括生产性消费）者所愿意接受的产品，并由此而获得满意的经济收益的综合能力。具体来说：

比较生产力是与竞争对手相比的生产力。在市场竞争之中，生产力的高低，只有与竞争对手相比才有意义，因此，比较生产力是一个相对的概念。

比较生产力是以一定的技术条件和管理水平为基础，最终的实现形式是企业产品（包括与之相联系的服务）。

比较生产力是一种综合性的供给能力，不仅表现在生产环节，而且还体现在产前产后的各个环节之中。

检测比较生产力高低的最终指标是其所生产出的产品能否在市场上得到实现，既被消费者接受，又使生产者获得满意的经济收益。

就概念而言，比较生产力与一般所说的生产力并没有实质的不同，但却进一步强调了与竞争对手相对的比较意义。因此，同类产品的生产效率是生产力的表现，所以，比较生产力不仅具有一般的效率含义，而且包含着竞争对手之间相对立的策略含义。

二、产业竞争力的特点

（一）产业竞争力是多环节的综合竞争力

产业竞争力是产品进出口、技术引进和转让、劳务输出输入、资本输出输入等现实竞争力的综合。

（二）产业竞争力是出口导向的双向竞争力

一国某一个产业能够出口商品、输出劳务、转让技术、境外投资，是具有国际竞争力的直接表现。但是，一国某一个产业能通过进口物资、引进技术、输入劳务、引进外资并进行有效的利用和吸收，从而提高本国该产业的发展水平，也是具有国际竞争力的一种间接的表现。在实际生活中，一国某一产业的这种间接的国际竞争力总是最终表现为该产业的主要产品的进口量的减少或出口量的增加。因此，虽然在商品、劳务、技术和资本的进出口双向贸易中，可能带来经济资源的双向流动，且能实现优势生产要素的扩张和短缺资源的弥补，以在国际范围内实现资源的合理配置，但是对一国某一个产业来说，国际竞争力仍然表现在出口导向的双向竞争力方面。

（三）产业竞争力是该产业范围内各个企业所合成的竞争力

产业间的国际竞争实际上就是产业范围内各个企业共同参加国际竞争的总体效果。因此，一国某产业的国际竞争力，就是该产业范围内各个企业的国际竞争力的合成。当然，这并不是说，一国某一产业的国际竞争力就仅仅是该产业范围内各个企业的国际竞争力的简单叠加。

（四）产业竞争力是选择性竞争力

一国于一个产业范围内，不必要而且也不可能使所有的商品、劳务、技术的竞争力都是最强的，而是有选择出能够发挥本国固有优势，并在发展前景最优的方面来提高竞争力的能力。

三、产业竞争力的形成机理

产业竞争力是在企业的生产经营动态过程中形成和发展的。借鉴世界经济论坛及瑞士洛桑管理与发展学院国家竞争力模型的合理思路，并从产业竞争力来源的系统分析出发，提出产业竞争力的形成过程的模型，模型如下：

产业竞争力 = 竞争力过程 × 竞争力环境 × 竞争力资产

上述所描述的产业竞争力模型，属于静态的逻辑模型，模型表明产业竞争力是竞争力过程、竞争力环境及竞争力资产三者的统一。其中，竞争力过程是将竞争力资产与竞争力环境转化成竞争力的过程，它包括企业的业务过程及管理过程。竞争力环境是影响产业竞争力的外部因素。竞争力资产则是产业本身所固有的，包括生产线、企业内部经营要素、设备及其他基础设施；或产业所创造的，例如品牌价值、市场信誉、企业文化等。就一般而言，竞争力资产主要有硬资产和软资产两大类。以知识为基础的经济时代的来临表明，智力对于促进经济增长的重要性日益突出。企业竞争优势将依赖于它们的智力资本即知识、经验、技能等软资产，而不再是它们的厂房、设备等硬资产。随着这种竞争核心的不断转变，越来越多的企业开始认识到，智力资本是保证其竞争地位的基本要素，应该对其进行系统的管理。

基于上述理解，对产业竞争力的形成机理有如下几点认识：

第一，产业竞争力是竞争力过程、竞争力环境及竞争力资产的整合统一，三者缺一不可。

第二,产业竞争力的形成是个动态过程,产业竞争力的提高需要不断优化。

第三,产业竞争力资产有硬资产和软资产两大类,单纯的依赖硬资产的国家、地区、企业可能富有,但却并不具有竞争力。对于硬资产匮乏的国家、地区、企业,可通过强化软资产,依靠高效的转换过程而变得具有竞争力。

第四,竞争力环境的建立及优化是维系产业竞争力不可忽视的方面,特别是对多数发展中国家和地区而言。

第五,在竞争力的资产及环境一定的条件下,依赖高效的竞争力过程来创造新资产是提升产业竞争力的核心。而其成功的关键在于通过持续的技术创新和制度创新,以建立核心能力和持续竞争优势。

第六,产业竞争力不是一成不变的,而是可变的,它可以长期维持。通过竞争力资产、竞争力环境及竞争力过程的组合,某国或某地的某一特定产业可以从竞争优势转变为竞争劣势,也可以从竞争劣势转为竞争优势,甚至可以长期地保持其竞争优势。

四、产业竞争力的外延要素

在产业产生、形成和发展的过程之中,将会有相当一部分淘汰的产业会逐渐退出经济社会,另外有相当一部分产业与新的产业共融共存,这些产业虽然会有与新的产业及其他产业在资源利用上的相互竞争,但更多地表现在与新的产业及其他产业的相互协调发展,支持着新的产业发展。这种现象首先表现为产业前后关联、协调和支持,比如农业对工业,计算机产业对互联网及信息产业的支持和相互作用。其次体现为不同关联产业之间的协调发展,形成产业的集群竞争力,而这种产业竞争力在一个国家或者地区都会表现得较为明显。由于每个产业处在不同的产业环节中,其向前、向后延伸就会形成产业链,产业竞争力可以通过产业价值链来得到发挥和体现。这都说明产业的竞争力不是孤立的,会受到许多相关产业发展的影响。但是这种竞争力不是产业竞争力的内在要素,其只是不可或缺的重要的外在因素,对产业竞争力的形成与发展会起到非常重要的作用。我们把这种作用和影响称之为产业竞争力的协调要素,产业集群竞争力理论、产业价值链理论和区位理论分别从产业的相互关系及地理差异这两个方面对产业竞争力的协调因素的形成、发展做出了很好的理论解释。产业政策对相应产业的竞争力有直接的影响,这种作用被称为产业竞争力的支持要素。虽然当时的产业绝对竞争力仍比较弱小,产业技术水平与领先水平仍有一定的差距,但是相关产业的技术水平已经接近较为领先的水平,能够对未来的主导产业给予协调和支持。如果产业应有的技术水平和绝对竞争力不足,即便有政府政策的支持,在实际过程中也很难发挥出作用。

在日本,传真机、机器人以及先进材料等重要产业中,几乎没有针对性的政府产业政策予以激励。对于许多经济学者看好的日本汽车产业,一开始实际上也并不是政府政策扶植的。比如首先打入美国市场的本田汽车在面向世界的过程中,也曾遭到来自政府有关部门的多重阻挠,几乎被迫歇业。随后日本政府逐渐认识到汽车产业符合日本当时发展阶段的技术要求,开始不断从各个方面对汽车产业进行扶持,因此,日本的汽车工业才得到了飞速发展。

1955年,日本汽车工业的产量不超过6.5万辆,其中小轿车的产量只有2万辆。美国的汽车工业年产920万辆,其中小轿车800万辆。日本汽车工业的生产规模占美国总产量的1/135,占西德的1/13,占法国的1/11,占意大利的1/4。经过25年的发展,在1980年,日本汽车行业的产量达到了1140万辆,突出表现为在美国汽车市场上每售出5辆车,其中就至少有1辆是日本产的。

与此形成鲜明对比的是,1971年日本政府开始积极推动飞机工业和1978年开始推动的软件工业至今仍然未能达到国际领先地位。韩国政府曾野心勃勃地投入石化、机床等产业,但是成效却不尽如人意。有很多例子可以看出,凡是政府没有考虑某产业在本国实际发展水平的现实而强力介入的产业,绝大多数都不能在国际竞争中立足。这就说明,在产业的竞争发展中,政府虽然有它的影响力,但它并不是决定产业竞争力的内在要素,它只是重要的外部因素。

产业竞争力的另一种重要的支持要素就是经济社会的需求状况,而这种需求状况会受到历史环境、文化和人口等诸多因素的影响。需求状况可以改变和诱导产业竞争力的形成与发展,但对产业竞争力本身的产生却并没有直接的作用。例如本国的需求规模会影响规模经济的形成,这将会对第三种产业的差别化竞争力产生作用。比如日本夏季炎热、潮湿、住家狭小而且紧张,所以日本的家用冷气机的主要特色为轻薄安静。不同产品的面向需求不同,这也会影响产业的相对竞争力,进而改变贸易格局。产业竞争力包括技术发展水平、独有能力(发展阶段和过程的影响)、资源禀赋条件、市场结构以及外部协调和支持的条件及环境等几个方面。在这几个影响因素中,技术水平是产业竞争力的核心,是能够代表生产力发展水平的技术水平,而产业竞争力的提高主要表现为技术进步的发展程度和相对速度,不同的发展阶段产业绝对竞争力就可以用这一时期的主导产业来衡量和体现。

五、产业竞争力评价指标——过程指标和状态指标

过程指标是指那些反映产业竞争力提高过程的指标,而状态指标指那些反

映产业竞争能力或竞争结果的指标。[①] 由于产业竞争力具有明显的动态性，只从静态角度对其进行考察是不全面的。而评价产业竞争力时，既要有反映当前产业竞争力状态的静态指标，也要有能反映产业竞争力变化趋势的动态指标。

关于产业竞争力的评价方法有很多，选取不同的指标体系，就会有不同的测度产业竞争力的方法。如竞争结果评价法、影响因素评价法、影响因素剖析法、全要素生产率模型、标杆法等都是在产业竞争理论研究过程中发展出来的评价产业竞争力的方法，每一种评价方法各有优劣。这里选取指标综合评价法作为测度产业竞争力的方法，选取这种方法的一个主要依据就是基于指标数据的可得性。

（一）权重的确定

权重一般由专家调查法确定。通过征求专家意见，得出各项指标的权重系数，各级权重系数之和为1。两级评价体系中各个指标不同的权重系数，表示该项指标在总分中所占的比重，以此体现评价的导向性、科学性。

（二）评分基数值和评分目标值的确定

产业评价指标体系中的基数值，可根据行业近三年或五年发展的实际平均值征求专家意见适度调整确定。某一项指标达到基数值则得基本分，达不到基数值则记为0分。

评分目标值的确定，国家是有要求的，按国家要求确定目标值，其他则按产业发展相关指标的最高值适度调整后确定。该项指标达到或超过目标值则得满分。基本分、满分根据具体情况决定，也可以采取专家意见来确定。

（三）产业竞争力综合分值的计算

指标分数采用百分制。
二级指标分值的确定：
二级指标分值=［（报告期数值-基数值）/（目标值-基数值）］×该项二级指标权数

一级指标分值的确定：
一级指标分值=（一级指标所属的二级指标分值之和+基本分值）×该项一级指标权数

[①] 刘江宜，舒江红. 我国绿色产业竞争力评价和聚类分析［J］. 生产力研究，2022（7）：5-9，34.

其中，二级指标的单向分值以 1 倍权数记分为上限，以负 1 倍权数记分为下限，超出则以上下限值记。总分等于一级指标之和。总分越高，说明产业竞争力越强。

第三节 旅游产业竞争力解析

一、旅游产业竞争力的概念与内涵

从宏观经济层面来观察，旅游产业的竞争力就是这个行业的生产力。旅游业的生产力就是旅游业中每单位劳动与资金的产出价值，它由旅游产品的品质、特性及生产效率来决定。旅游业界不断地创造、改善及提升其竞争优势，从而保持并增强竞争力。旅游资源、产品品种、服务质量、经营模式、信息传播等都是和旅游业竞争优势相关的因素，不过这些因素本身并不足以构成竞争优势。旅游业的竞争优势是在各项有利因素的互动和结合中产生的。要系统地理解旅游业竞争优势的产生过程，需要有赖于一个概念框架。国内外关于旅游学的研究时间较短，并没有形成具有权威性的研究框架，考虑到旅游产业竞争力隶属于经济学范畴，故可借鉴著名的"钻石模型"理论，结合旅游业的环境，来研制一个旅游业竞争优势的概念框架，并以此来探讨旅游业的竞争力。[①]

形成旅游产业的竞争优势的要素，一是旅游业的生产要素。指有关旅游业竞争优势在生产方面的状态。旅游业的生产因素包括旅游资源（如，地理位置、气候、景点及目的地形象）及旅游设施。[②] 二是客源市场。一个旅游目的地的客源市场应包括国际市场及本地市场。客源市场的状况有助于锻造旅游业的竞争优势。多类型的市场、多元化的需求及要求很高的游客皆有助于旅游产品的改良及升级。三是相关产业。旅游业是一个综合性行业，包括民航、交通、零售等。具有竞争力的相关产业能产生并提升旅游业的竞争力。四是竞争环境。竞争环境与竞争力的关系是显而易见的。激烈的竞争环境迫使企业去不断地改良和创新，从而提升竞争优势。五是政府政策，由于旅游业的综合性，其竞争优势不单是由企业行为所形成，更取决于政府的规划协调、竞争环境（如公平

---

① 张媛媛. 基于"新钻石理论"的旅游产业竞争力分析及提升策略——以天津市滨海新区为例[J]. 旅游纵览，2022（3）：154-156.

② 彭聪. 中国经济文库 环境规制对旅游产业结构与竞争力的影响研究[M]. 北京：中国经济出版社，2021：50-51.

的法规）的培育及市场促销等政策。总的来说，政府角色就是营造有利于企业竞争的环境。旅游业的竞争力是由这5个方面的要素互动结合产生的，形成区域旅游产业的综合竞争能力。

二、旅游产业竞争力研究方法

（一）旅游产业竞争力来源构成分析

对旅游产业竞争力的来源构成分析主要集中在早期的研究中，利用归纳演绎法进行概念界定、来源分析、模型构建等。如何将竞争力从国家和企业的层面转向旅游目的地层面的研究成为学者们思考的问题。旅游产品的性质与波特钻石模型等理论所针对的更传统的产品和服务之间似乎存在着根本的区别，在概念界定研究中，从市场角度、可持续发展角度、产业发展角度、决定因素角度各有阐述。在这一阶段的研究中，主要是从实际现象中提炼有关理论，进行概念界定和模型构建。归纳法体现研究对象的共性，演绎法由定义规律等出发层层递推，遵循严密的逻辑法则，体现研究对象的特性。在对旅游产业竞争力的来源构成分析方法中更多的是将两者结合运用。

（二）旅游产业竞争力量化评价研究

旅游产业竞争力量化评价研究是该领域近年来研究的主要问题，研究方法主要包括层次分析法、德尔菲法、主成分分析法、熵权法、聚类分析法、因子分析法、信息熵权法与TOPSIS法相结合方法等。

层次分析法是定性与定量相结合的决策方法，将决策元素分解为目标、准则、方案等层次。但是这种方法存在主观性较强的缺点，跟专家和研究者的能力、偏好都息息相关，容易与客观事实产生较大偏差，其结果不具有广泛的说服力。

主成分分析法适用于对旅游产业竞争力量化评价因素各个维度的提取，是通过多个变量线性变换从而得到少数重要变量的多元统计分析方法。主成分可以根据线性变换进行旅游产业竞争力评价指标的选择，形成彼此相互独立的主成分，但是对于样本容量要求较高，对这些被提取的旅游产业竞争力指标必须都能够给出符合实际背景和意义的解释。因子分析同样适用于评价指标的构建，聚类分析则聚焦于评价结果的呈现。因子分析可以使各个指标具有更强的解释能力，聚类分析可以比较直观地呈现其评价结果，但是聚类分析难以体现同一级别下不同区域旅游产业竞争力的差异情况。

信息熵方法主要是运用客观原理对旅游产业竞争力的评价指标赋予权重，TOPSIS法可以比较评估对象与最优和最劣方案值的差距并排序，可以用来探究不同区域旅游产业竞争力的水平差异大小。[①]

从以上方法梳理和评析可以看出，目前旅游产业竞争力量化评价主要是从计量统计角度入手，构建评价指标，确定指标权重，再输出评价结果。针对不同的量化评价方法的优缺点，研究者在选择评价方法时应该考虑具体研究对象的特点、样本的数据容量、研究目的等因素，合理选择研究方法，构建评价模型，分析评价结果。

（三）旅游产业竞争力时空演化分析

在旅游产业竞争力时空演化分析上，主要运用多种空间特征评价指标、时序全局因子分析法与K-均值聚类法结合、空间格局与态势分析法——多维超体积生态位模型等研究方法。

在空间特征评价指标中，主要包括G指数、变异系数、GIS空间分析方法、重心与标准差椭圆、锡尔系数等。锡尔系数主要是衡量区域差异大小；变异系数主要反映观测值的离散程度；重心的空间动态演化过程反映了区域发展的中心地位的动态变化，在区域经济发展差异研究中被广泛运用，指数G主要用于研究区域之间空间局部相关性分析。锡尔系数、变异系数等指标可以将区域旅游产业竞争力的差异以及差异的变化趋势、空间重心以及空间局部相关性进行量化，进行定量的描述，使提炼旅游产业竞争力的空间特征变得更加容易；GIS空间分析方法使其空间特征可视化，呈现结果形象清晰。但是这类方法的运用对于样本容量有较高的要求。

时序全局因子分析法能够兼顾时间维度的动态演进和空间维度的分布特征，在产业竞争力研究领域具有广泛的应用基础，是在因子分析的基础上加入时间的变化趋势分析。K-均值聚类分析法可以验证同一竞争力层次的区域是否具有一致性的竞争力属性特征和是否会通过"抱团发展"产生空间集聚。但是K-均值聚类分析法需要对聚类效果进行显著性检验，可能存在不显著的结果，则说明该研究对象不适用于此种方法进行分析。

旅游产业生态位方法是对各个旅游区在旅游系统中的"生态位"进行分析，分析目的是形成整个旅游系统持续协调长远发展的空间格局。生态位模型方法不仅考虑了旅游产业竞争力所处的现实状态，而且将未来的发展潜力纳入旅游产业竞争力评价体系，是比较全面的评价方法。

---

① 叶婷. 旅游产业竞争力研究方法评析 [J]. 市场周刊, 2020 (9)：55-58.

对旅游产业竞争力时空演化的研究方法梳理发现，目前研究主要是运用指数和数理模型等计量统计方法揭示旅游产业竞争力在时间和空间上的演化特征。评价方法较多，但是由于研究方法的限定要求（如显著性检验等），要根据特定研究区域旅游产业竞争力的实际特点进行选择和尝试，才能够更好地解释其特征。

第四节 影响旅游产业竞争力的因素分析

一个产业的形成和发展既离不开内部因素的协调发展，也离不开外部因素的推动促进及内外因素的整合互动。在分析旅游产业竞争力的影响因素时，不仅需要考虑内部因素和外部因素，还要考虑静态因素和动态因素，除此之外，还要结合旅游产业的自身特性。在自组织与他组织理论、国家"钻石模型"及产业集群理论的基础上，旅游产业竞争力的影响因素可概括为：内生核心动力因素和外生支持促进因素两大类。

一、内生核心动力因素

（一）旅游资源

1985年，"根植性"概念被首次提出，主要指经济行为对特定区域环境关系的依赖性，是资源、文化、知识、制度、地理区位等要素的本地化，具有难以模仿和价值性的特点。旅游产业的重要特点之一是旅游资源的根植性。区域旅游资源往往扎根于当地本土文化，而不同区域有不同的文化、不同的自然景观和人文景观，形成各自不同的特色。旅游资源的这种本地根植性一旦形成，就难以被复制和模仿，形成自己独特的价值，这也是不同地域旅游核心吸引力的差异所在。旅游资源根植性越明显，这种差异就越大，竞争力就越强。比如，在我国各大名山旅游当中，泰山旅游有它独特的自然景观和人文景观，泰山也凭借其独特的地域旅游资源优势而名列我国各大名山旅游竞争力排名榜之首。因此，要提升旅游产业竞争力就要使旅游资源的地域根植性显著性加强，这是影响旅游产业竞争力的重要因素，也是提升旅游产业竞争力的源泉。

游客之所以从客源地到某一旅游地去旅游，就是因为这一旅游地有吸引游客的对象。旅游资源相对旅游主体而言，处于旅游客体位置，由于它具备特殊的美学功能，对主体有吸引力，因此，成了旅游主体实践活动和认识活动指向的对象。与其他资源相比,旅游资源最大的特点就在于它能激发旅游者的旅游动机,吸引游客到异地进行旅游观赏、消遣娱乐、休憩疗养、登山探险、科学考察、文化交流等,从而促进了旅游活动的开展。旅游资源的吸引力不仅成为旅游资源的重要属性,而且限定了旅游资源仅存在于旅游目的地,它排除了从客源地到旅游目的地的其他地域。并且,所谓旅游资源对游客的吸引力是对社会旅游者的群体而言。

旅游资源开发的目的是给地区带来经济效益、环境效益和社会效益,这也是衡量旅游资源价值的一个标准。只有上述三大效益协调,才是有意义,可利用的旅游资源。[①]

旅游资源既有物质的,也有非物质的;既有有形的,也有无形。旅游资源包含的内容十分广泛,既有物质的、有形的客观实体,包括名山大川、文物古迹等;也有非物质的、无形的,不过它们通常依附于物质景观的精神文化旅游资源,包括文化艺术、民族风情、神话故事等。在旅游开发中,要充分发掘无形的、精神的旅游资源,不仅可以拓宽旅游的内容,而且可以为有形的、物质的旅游商品创造出新的附加价值。

旅游资源是一个不断发展的概念,随着社会的进步、经济的发展、科技水平的提高,人们的旅游需求变得多样化、个性化,旅游资源的范畴在不断扩大。

(二) 旅游企业

1879 年,"共生"的概念被提出,它是指由于生存的需要,两种或多种生物之间必然按照某种模式相互作用和互相依存地生活在一起,形成共同生存、协同进化的共生关系。在这种情况下,食物链一旦被破坏,某些生物则无法生存。对于旅游产业而言,旅游产业链类似于自然界的食物链,旅游企业之间也能达到共生协同的发展。旅游产业具有较长的链条,涉及食、住、行、游、购、娱多个领域,只有这些领域均衡发展,企业、行业良性互动,才能使旅游产业获得良好的规模经济效益,提升竞争力。

因此,旅游产业链各节点的旅游企业要共同生存,就必须保证旅游产业链条完整和延续,保证旅游产业链条上下游不同旅游企业群体之间互相合作,使各企业在一定的价值链下共同生存和协同进化。但合作并非意味着缺乏竞争,共生协同发展也不排斥竞争。竞争不仅存在于同一条旅游产业链各节点处的旅游企业群体内部,而且同时存在于不同旅游产业链上相同节点处的旅游企业群体之间。

---

① 温彦平,彭红霞,刘超. 旅游地理学 [M]. 武汉:中国地质大学出版社,2022:45-46.

适当的竞争可以使企业为避免被兼并、被淘汰而不断提高生产技术水平，改进经营管理方式，降低各种生产费用，提升自身的竞争能力和生存能力，所以适当的竞争同样能够使企业提升竞争能力。因此，要使得旅游企业之间达到共生协同发展，就必须在动态的博弈中寻求共生。小区域范围内，旅游企业之间存在博弈关系，但在大区域范围内，不仅旅游企业之间存在博弈，辖区的旅游城市之间也同样存在博弈，因此，对于大区域旅游产业而言，不仅要强调旅游企业之间的共生协同发展，还要强调不同旅游城市之间的共生协同发展。但产业发展的核心是企业的发展，旅游企业之间的共生协同发展是提升旅游产业竞争力的核心。

旅游企业的规模对旅游企业核心竞争力会产生很大的影响。尽管大的旅游企业不一定都具有核心竞争力，但是具有核心竞争力的旅游企业一定是大企业。大企业所具有的影响力是不容忽视的，旅游企业集团化发展正是对企业规模的一种追求。因为大规模的旅游企业拥有生产、销售网络及促销成本等方面的规模经济效应，很容易形成强势的利润流，促使企业资金不断扩大，资源基础也会进一步提升，反过来，它又会促进旅游企业产品的生产、促销及销售，从而为旅游企业核心竞争力的形成提供有利的资源基础条件。企业规模包括：企业在职员工人数、企业资产、企业的国际市场、国内市场占有率等。

追求经济效益，为社会创造财富是所有旅游企业的终极目标之一。旅游企业的经济效益越好，意味着企业能够不断地进行简单再生产和扩大再生产，从而实现可持续发展。旅游企业的营业收入、利润是企业竞争力最直接的体现。旅游企业获取竞争优势的关键之一是通过拥有独特的资源而体现的差异性，并且这些差异性是难以被模仿或被替代的，包括企业的品牌、商誉、形象等方面。这些企业独特资源的形成需要一个长期积累的过程。

(三) 技术、制度创新

创新的实质是对已有惯例和模式的突破与新模式的形成，一般分为技术创新和制度创新。旅游资源虽然具有较强的地域根植性，但要提升竞争力，旅游资源就必须在保持自身特色和本土文化特色的基础上推陈出新，否则旅游资源将失去吸引力，旅游产业也无法持续发展。因此，旅游产业竞争力的提升离不开持续的创新机制。

旅游产业的技术创新应体现在旅游景点、项目更新改造，旅游纪念品开发，旅游线路设计等的产品技术创新；运用最新高科技手段多角度地开发旅游景点功能的功能技术创新；运用相应的宣传促销理念和网络营销等手段改变游客旅游观念、开拓旅游市场的营销技术创新；运用高新技术保护景区资源、设施，推行智能化管理系统，为旅游资源的可持续开发和旅游产业的可持续发展提供服务技术创新上。

可以说现代信息技术的应用极大地提升了旅游产业的竞争力。信息网络技术在旅游业得到了普及性应用，极大地提高了旅游业的经营效率，扩展了经营的空间范围。目前，在旅游业内，无论是政府管理部门还是各个旅游企业，无论是管理部门的行业管理还是旅游企业的产品开发、销售和资金结算等，都逐步实现了网络化和信息化。可以说网络技术是对旅游产业推动最大的技术创新。

我国的旅游产品在发展之初主要是观光类旅游产品，产品的技术含量低，附加值小。这也与我国当时自然和人文类旅游资源丰富、资本相对稀缺有着直接的关系。随着经济的不断发展和资本的不断积累，休闲类和体验类的旅游产品逐渐被创造出来。与此同时，原有的观光类产品也得以升级改造。通过提高技术含量，提升产品的品位，来突出文化特色，提高游客参与的积极性，实现游览与娱乐相互结合，更提升了产品的附加值。

目前我国的旅游产品种类已经相当丰富。产品研发能力不断提高，形成了新类型产品、新开发思路、新开发技术、新规则的创新体系战略，也形成了符合时代特征、市场需求和永续利用的旅游产业观、资源观和发展观，呈现出产品开发和创新的良好局面。

组织管理方法和决策手段技术在30余年间取得了长足进步。旅游产业与科学的组织管理和决策手段技术有着紧密的联系。无论是产业管理还是企业管理技术的创新，都为旅游业注入了充足动力。

旅游产业的制度创新体现在旅游企业的组织创新、管理创新、政策创新，也包括宏观角度的市场创新和政府相关部门的政策创新。[①]

（四）旅游产业的空间集散

产业集聚是指同一产业在某个特定地理区域内高度集中，产业要素在空间范围内不断汇聚的一个过程。其实，产业形成发展的过程在空间布局上不仅体现为产业集聚的过程，也体现产业扩散的过程，只是在不同阶段，两者的显示程度不同。

产业集聚可以为产业发展带来规模效应、创新效益和竞争效益，有利于产业竞争力的形成；产业扩散可以为产业发展开拓新的空间，提供新的利润来源，有利于产业竞争力的提升。旅游产业的特性使其在空间布局上体现为集聚和扩

---

① 刘祥恒. 旅游产业融合机制与融合度研究 [M]. 合肥：中国科学技术大学出版社，2019：58-59.

散的特点。旅游产业是围绕旅游资源形成和发展起来的,属于旅游资源指向性集聚;又由于旅游产业高关联度特点,其涉及许多行业和部门,又属于横向性经济联系集聚。

围绕旅游资源,旅游产业链条上各节点的旅游企业及其相关行业和部门在空间上集聚,形成旅游产业群落,最终形成旅游产业集群。这样,旅游产业空间集聚最终以旅游产业集群的形式呈现出来。旅游产业在空间上的扩散也是集群的实现形式。一般来说,旅游产业集群在旅游产业空间集聚方面的表现更为突出,但由于旅游产业链条化明显而且易于延伸,因此,一方面,不同区域间旅游产业链各节点处旅游企业横向之间更容易合作;另一方面,一个区域的旅游产业链条可以通过延伸与另外区域的旅游产业链条相连接,使得一个区域的旅游产业通过旅游产业链条与另一个邻近区域的旅游产业进行整合,从而实现更大范围的旅游产业集群。因此,旅游产业集群还可以实现旅游产业在空间布局上的扩散及不同区域旅游产业的融合发展,可以提升更大区域范围的旅游产业竞争力。

由于旅游产业集群内不同旅游企业在同一特定区域集聚,形成了规模经济、集聚经济、范围经济与网络经济等,能为旅游企业的经营与管理带来旅游产品生产与服务提供的成本及与旅游者、旅游供应商的交易成本,从而提高旅游产业集群内旅游企业的生产效率。

在特定的旅游产业集群内,不同类型的旅游企业的集聚,能有效进行旅游资源整合及旅游产品体系构建,能提升旅游产业集群区域的旅游接待能力及旅游吸引力。因为不同类型的旅游企业集聚,所以旅游者到旅游产业集群区域观光游览、休闲度假等行为,基于其旅游功能的完善能获得比到单体旅游企业布局地域更多的旅游效用,并节省旅游信息搜寻成本、降低旅游风险及降低旅游者消费成本,如旅游企业的空间集聚使旅游者消费不同旅游产品而需要花费的旅游交通成本降低。同时,旅游企业的空间集聚,在一定程度上由于外部经济的获取,而能有效降低旅游产品与服务的成本。如旅游企业由于空间集聚共享旅游基础设施而减少由于分散布局而所需的额外投资,并利用地理接近性而节省旅游企业相互间的物质和信息流的流动费用,从而降低生产成本。

旅游产业集群创新体现在观念、管理、技术、制度和环境等诸多方面。旅游产业集群不仅提高了旅游企业的专业化分工水平及生产效率,也提升了其创新水平和能力。旅游产业集群带来了创新氛围,为了适应不断变化的旅游市场与旅游者消费行为及旅游产业集群网络、知识溢出、信息交流等方面的效应,提升了旅游产业集群内各旅游企业的学习与模仿能力,形成旅游企业的核心竞争力。

旅游产业集群作为一种区域或城市发展旅游产业及提升旅游竞争力的重要路径，不仅增强区域或城市及旅游产业的竞争力、经济效应，尤其是旅游专业化水平及规模经济、外部经济、网络经济等，也有力地提升区域或城市旅游投资水平及旅游企业衍生水平。旅游产业集群良好的创新氛围、创业条件及完善的旅游基础与接待设施，对吸引旅游企业不断进入旅游产业集群或促进旅游企业不断衍生具有重要作用。旅游投资环境的改善、旅游投资的不断增加、旅游企业不断地衍生或进入，有力地提升了区域或城市旅游产业成长与规模。

旅游产业集群网络组织是由旅游节点的合作黏合在一起的，同时旅游节点间的竞争促进旅游产业集群组织活性的增强，推动了旅游产业集群组织的发展。旅游产业集群在旅游资源开发与项目（旅游吸引物聚集体）建设、旅游产品生产与服务提供、旅游市场营销及形象、品牌构建等方面展开激烈的内外部竞争，不仅增强了旅游企业克敌制胜的竞争优势，也提升了旅游产业集群整体旅游竞争力。

旅游产业集群作为一种旅游空间聚集体，有效利用其强大的集聚能力，吸纳了区域内外的各种资源，不仅能够使区域（城镇）规划中规划足够的旅游用地及吸引大量的旅游投资及劳动力等传统要素，还能吸引旅游企业集团，如国内外旅游饭店集团公司等到该地域投资兴建旅游企业。旅游产业集群由于其对区域或城市旅游发展的重要作用和地位，吸引了政府部门、大学等研究机构、相关中介组织为其发展出谋划策，解决各种问题，促进了旅游产业集群的形成与成长。由于旅游产业集群是一个自组织的开放系统，许多单个的、与大旅游企业相比毫无竞争力的中小型旅游企业依托集群强大的网络经济效应、客源共享效应及规模经济效应，取得了单个旅游企业不能获取的旅游竞争力，而是一种依托旅游产业集群整体竞争力而培育起来的更强大的个体旅游竞争力。即使旅游产业集群缺乏大型旅游企业主导，只是一些中小型旅游企业的集聚也能获取集聚经济、范围经济，从而能够培育比单个企业旅游竞争力简单相加大得多的旅游产业集群竞争力。

二、外生支持促进因素

（一）旅游市场需求

旅游需求是在一定时期内、一定价格上，旅游者愿意而且能够购买的旅游产品的数量。旅游需求的影响因素主要有经济发展水平、人口特征、收入与闲暇时间、职业和教育水平、资源、交通、价格和汇率等。

企业是产业发展的核心,企业的生存离不开市场上消费者对其有形和无形产品的需求。需求是驱动企业和产业发展的一个十分重要的外部因素。在资源允许的范围内,需求越大越容易促进企业的发展。旅游企业的发展同样离不开旅游市场的需求。进入20世纪80年代后,强调旅游市场需求已成为旅游发展竞争力研究的主旋律。新加坡与我国的深圳市、香港特别行政区旅游发展的成功,证明了在旅游市场需求强劲而资源禀赋相对缺乏的城市同样存在着谋求旅游竞争强势的可能性。旅游市场的需求主要是指区域内外游客对本区域旅游资源、旅游产品的需求。旅游市场的需求,尤其是区域外旅游市场的需求可以激励旅游产业创新,促使其提高产品的技术构成、质量等级和附加价值。同时,本区域旅游产业可以通过区域外游客来收集区域外旅游市场信息、区域外相关旅游产品及技术的发展方向、区域外旅游竞争对手的情况等信息,从而改善自身以更好符合区域外游客的需求偏好。此外,区域外旅游市场的扩大可以提高本区域旅游产业的开放度,促进本区域旅游产业集群的形成及更大区域范围旅游产业集群的培育。

(二) 政府支持

政府是区域产业发展的宏观调控者,它通过建立区域创新网络、培植优秀的企业家队伍、稳定区域社会环境等途径支持区域产业的发展,成为区域产业竞争力强化中不可或缺的力量。旅游产业凭借其低投入高产出的优势日益成为各国及各级政府扶持的战略产业。政府在旅游产业发展中起着支持和宏观导向的作用。政府的支持作用主要表现在政府能够为旅游产业发展所需的创新环境提供硬软件条件;在旅游促销方面,政府可以成为旅游产品促销的主体,以政府为主体进行旅游促销,其影响范围更大,效果更好;政府还可以通过维护区域社会治安为旅游产业提供发展的稳定环境。政府对旅游产业的宏观导向作用主要体现在政府通过制定区域旅游产业规划和定位,为旅游产业发展提供战略指导。

(三) 相关产业的推动

任何一个产业的发展都不是孤立的,都需要与自身上下游企业相联系的产业来支持。意大利的制鞋业全球闻名,这是与意大利竞争力强大的机械制造商、设计公司、皮革处理等相关产业分不开的。旅游产业关联度高,所涉及的相关产业较多。农业、渔业、林业、工业、会展业、花卉业都可以形成各自形式的旅游;大都市、小乡村、大学城都可以成为旅游场所。再者,游客的需求具有多样化和求新求异的特点,一个区域其他产业的发展状况及区域整体水平的发展状况都可以成为游客需求的对象。因此，区域相关产业的发展可以对本区域旅游产业的发展起到推动作用。

（四）基础设施

基础设施是区域经济发展的载体，先进的基础设施能够为区域内外的要素流通提供条件，为区域经济发展起到辅助作用。要想在激烈的旅游市场竞争中脱颖而出，旅游产品需要具备一定的吸引力，另外还需要提供优质的服务，这样就显示出旅游基础设施的重要性。而且随着旅游消费倾向的改变，旅游者越来越倾向于旅游活动的休闲功能，对旅游基础设施的档次、功能、人性化、便利性等方面提出越来越高的要求。旅游基础设施建设若滞后，不仅短期内接待能力远远满足不了市场需求，更会影响旅游产业长期的可持续发展。因此，旅游基础设施的建设对旅游产业的发展十分重要。

（五）机遇

机遇作为偶然因素是可遇不可求的，对于竞争主体来说，只有适时抓住并利用好机遇，机遇才能给竞争主体带来意想不到的收益。虽然旅游产业的重要特点之一是旅游资源的地域根植性，但偶然机遇同样会对旅游产业的发展产生影响。如重要会议、大型赛事活动均会提升举办地的知名度，促进举办地旅游产业的发展。再如，重大决策的颁布或战略的执行也会促进当地旅游产业的发展，如在国家珠三角地区开发战略中，深圳的都市旅游产业得到迅速发展。甚至一部影视作品的播出也会给区域旅游带来影响。因此，不管是旅游企业还是有关旅游的政府部门都要不遗余力、不失时机地抓住机遇并充分利用好机遇，不错过任何能够提升旅游产业竞争力的机会。

上述分别从内生核心动力因素和外生支持促进因素剖析了旅游产业竞争力的影响因素，但这些因素之间并不是孤立的，而是既相互区别又相互联系的。

第三章 乡村旅游开发与竞争力提升探究

随着中国城镇化率的不断提高,越来越多的人走出乡村定居城镇,他们在经历了车水马龙、人声鼎沸、霓光闪闪的都市生活后,又开始对绿色、生态、安静、古朴的乡村文化和环境产生向往。在此背景下,乡村旅游作为一种符合当下主流需求的旅游类型,在各地广泛兴起。乡村的一条河、一片树林、几栋老房子、一片油菜花,都可以作为乡村旅游开发的载体。但是,乡村游开发质量参差不齐,如有些开发特色不足,有些开发商业化严重,有些开发与当地村民无关联。"引得来、留得住、愿消费、乡民富",才是乡村旅游开发的目标所在。

第一节 乡村旅游概述

一、乡村的内涵

(一)乡村的定义

乡村是人类聚落发展过程中的一种较为低级的形式,和城市相对,也是城市聚落的初级形态,乡村的形成是和人类早期的生产生活发展史密不可分的。乡村的地理学、人类学、经济学、社会学等方面的综合性特征决定了乡村概念的多样性。

事实上,在乡村研究的过程中,对于乡村的定义并没有取得一致意见,大部分学者也并没有对乡村、农村、乡村聚落等的界限进行明确划分,目前多从地理学、经济学、社会学、生态学等角度进行了乡村概念的广义解析。

(二)乡村的基本特征

乡村与城市相比,具有以下明显的特征。

第一,相对于城市而言,多数乡村地区地广人稀,人口密度较小。乡村的居民点分散在大的生产环境中,人均土地占有面积远远高于城市,而且乡村建筑之间的间隔相对较大。

第二,乡村基础设施以及服务设施较城市落后。我国的很多乡村都是典型的自给自足的小农经济占主导地位发展而来的,即使随着对外开放的深入发展,我国的乡村仍旧或多或少地保留着相对封闭的、独立的经济循环系统。而且,村庄人口密度小,对各种消费的需求层次不高,这便导致了乡村的基础设施和服务设施比较落后,而且各种配套设施,如文化、教育、卫生等发展水平较低。

第三,乡村的自然生态环境质量高于城市。与许多乡村地理环境的封闭性以及交通的落后性相对应,乡村吸纳人口的能力较弱,这在很大程度上反而有助于乡村生态环境的保护。同时,我国的乡村分布比较零散,工业部门鲜有进驻,空气污染指数低,大气环境质量相对较高。与高人口密度、高污染指数的城市相比,优良的生态环境成为乡村发展的一大优势。而且,村民的乡土观念较强,拥有对本土乡村环境的保护意识,这也强化了乡村环境的自我恢复能力。

第四,乡村空间相对封闭,乡村地域文化较城市单一且相对固定。在乡村地区,建立在土地资源基础上的生产劳动需要一定规模劳动力的聚集,这是和乡村中家族聚居的现象相对应的。乡村中的生产和生活组织一般是以家庭、宗族等为单位的,有的家族都是几世同堂,甚至一个乡村只有一个家族。直到现在,我国还有很多乡村地区仍旧保留着这种乡村宗族格局。这种现象在很大程度上也为乡村文化的保存和传承提供了有利条件。乡村地区交通通达度往往比较低,乡村空间相对独立和封闭,因此受到外来文化的感染和侵袭速度也较慢,所以乡村地域文化相对单一、本真和固定。

二、乡村旅游的定义与特征

(一)乡村旅游的定义

乡村旅游的客体是"乡村社区""乡野农村""乡村地区",还包括市郊、建制镇等地;旅游吸引物既包括乡村事物,也包括非乡村事物,比如,以观光资源、采摘、农家乐、温泉、宗教场所、村落、院落等传统资源为旅游吸引物的旅游活动;乡村旅游整体产品的核心和独特卖点是乡村性与乡村文化。[①]

---

① 崔勇前.新时代乡村旅游发展研究[M].北京:中国商业出版社,2021:3.

（二）乡村旅游的特征

1. 旅游资源的丰富性

乡村旅游资源丰富多样，既有自然景观，又有人文景观；既有农业资源，又有文化资源。

2. 旅游分布的地域性

乡村既有南北乡村之分，又有山地、平原乡村之分，还有汉族和少数民族乡村之分。因此，乡村旅游具有明显的地域性。

3. 旅游时间的季节性

乡村农业生产活动有春、夏、秋、冬四季之分：夏季和秋季乡村旅游火爆，冬季和春季乡村旅游冷淡。因此，乡村旅游具有很强的季节性。

4. 旅客行为的参与性

乡村旅游具有很强的参与性。乡村旅游不仅有各类观光旅游活动，而且还包括劳作、垂钓、划船、喂养、采摘、加工等参与性活动。

5. 旅游产品的文化性

我国农业生产源远流长，乡村劳作形式繁多，有刀耕火种、水车灌溉、采药采茶等，还有乡村民风民俗、传统节日、民间文艺等，这些都充满了浓郁的乡土文化气息。

6. 人与自然的和谐性

乡村景观是人类长期以来适应和改造自然而创造的和谐的自然和文化景观。[①] 既保持着原来自然风貌，又有浓厚的乡土风情，乡村这种"古、始、真、土"的乡土特点，使旅游具有贴近自然、返璞归真的特点。

7. 旅游经营的低风险性

乡村旅游是在原有农业生产条件和资源基础上，通过经营方式的调整，不破坏原有生产形态，而使其多功能化、生态化的过程。因此，开发难度小，见效较快，风险较小。

三、发展乡村旅游的意义

（一）促进农业的发展

"三农"问题始终是贯穿我国现代化建设和实现中华民族伟大复兴进程中

---

① 邓爱民. 现代旅游发展导论（课程思政版）[M]. 北京：华中科技大学出版社，2022：69.

的根本问题。① 因此，全面建设社会主义现代化国家，既要建设繁华的城市，也要建设繁荣的农村。乡村地区结合地方特色和产业优势来开发的旅游景点，有利于农业的高质量发展。例如，乡村休闲度假、农业观光体验、农耕文化传承和农耕科技普及等融为一体，形成了三产融合的乡村旅游发展模式，能推动农业技术的进步，进而实现农业的高质量发展。

（二）进一步拓展农民增收的渠道

乡村旅游作为一种充分利用农村资源开展的旅游活动，其依托的资源主要是城市周边以及比较偏远地带的自然景观、田园风光和农业资源。乡村旅游注重的是本地农户的参与，通常情况下，乡村旅游景点的建设，都是由当地农户直接参与的。乡村旅游形成了"农业+旅游+餐饮+服务"的集合体，能够拓宽农民的增收渠道。

（三）极大地改善农村生态环境

大部分游客主要关注目的地的基础设施建设情况。这就促使乡村旅游景区不断发展，有关部门会加大对景区的建设力度，以改善乡村整体环境，对乡村旅游服务体系进行完善。这样既有利于创建满足游客需求的新时代美丽乡村，也能够推动乡村振兴战略的实施。

四、乡村旅游的发展方向

（一）生态农业游

乡村地区地形地貌具有特殊性，多以丘陵、山地为主。宽阔的土地、适宜的大陆性气候都为农业发展带来极大便利。分散在乡村周边的居民靠种植与畜牧为生，经验丰富。种种条件的积累，为乡村地区发展生态农业游打下了坚实的基础。

举例说明：随着人民对食物品质的要求逐渐提高，乡村采摘成为热门旅游项目。游客呼吸着新鲜空气，依靠自主采摘、品尝、购买，完成一系列生态体验，体会乡村生活的独特乐趣。在此期间，不必新建接待设施，当地村民可以合理利用农田资源，这节省了果实收获时间，减少了劳动力的消耗，并且拓宽了农产品销售渠道，一举多得。且据当前的消费趋势来看，生态农业游客流量

---

① 陈子琛，鲁翔. 乡村旅游发展策略探究［J］. 广东蚕业，2023（4）：154-156.

巨大，具有喜人的发展前景，值得从业人员试行并推广。

（二）景观游

山地是天然风景区，植被覆盖率高，空气质量好，山水相间，物种丰富多样，本身具有极大的消费吸引力，是游客出行的首选区域。[①] 目前，我国多数山林景区位于乡村地带，且是旅游产业的一大收入支柱，经济效益不容小觑。乡村景观的组合性强，在地形、气候条件的加持下，栈道、瀑布、温泉，甚至珍贵品种的植物、动物都能够成为乡村旅游极具潜力的发展项目。

随着人民文化水平的提升，旅游不单单是放松身心的消遣活动，更是强身健体、亲近自然的有效途径。在观赏景观的同时，以步行为主的旅游过程能为游客带来生理调适与心理满足感，使其践行低碳出行方式，顺应可持续发展战略，深化绿色出行的理念。由此可见，景观游发展潜力巨大。

（三）历史风俗游

每个区域都有自身相应的历史文化传统和人文风俗习惯，将其发扬光大，寓教于乐，乡村地区的历史风俗游便形成了。某电视节目曾以乡土为题创作旅游纪录片，介绍乡村背景下耐人寻味的生活传统。这对发展乡村区域内富有自身特色的历史风俗游起到了很好的促进作用，不但能够使游客切身感受到区别于城市的生活气息，而且使旅游开发者得到资源利用的灵感，提高区域竞争力和品牌创新性。相对于其他需要基础设施建设的旅游发展项目来说，历史风俗游所散发的自然魅力更具吸引性，体验功能更强，为游客带来的视觉冲击与美的享受更加直观，可以为当代旅游的发展提供参考方向。

第二节 乡村旅游资源开发

一、乡村旅游资源开发的意义

开发乡村旅游资源是实现乡村振兴战略的重要途径。[②] 结合乡村本身所具备的自然人文风俗特征，对其进行合理的开发，以独特的风格吸引全国各地的游客们前往参观赏玩，能带动与当地旅游相关的一系列产业的发展，对于推动

[①] 宋乐. 乡村旅游资源开发与产业发展策略探析 [J]. 金融经济, 2018 (16): 49-50.
[②] 杨宝. 浅谈乡村旅游资源开发 [J]. 广东蚕业, 2021 (6): 147-148.

当地乡村的经济发展能够起到巨大作用。

以往,乡村经济发展主要是建立在农业及其周边产业的发展上的。随着农村经济结构的调整,以乡村旅游业为代表的第三产业正在悄悄兴起。对于农民来说,不管是农业还是旅游业,只要能为其带来更高的经济收益,他们都会愿意主动参与其中。若能对乡村旅游资源进行合理开发,不仅能更好地整治乡村环境,使其越来越整洁,越来越令人赏心悦目,适合居住,也会使其以自身独特的田园美景、乡村风光吸引越来越多的城市居民前来观光旅游、体验生活。农家乐、乡村民宿、特色农副产品销售等多条乡村旅游产业链,不仅能够帮助农民实现大幅度创收,还能在乡村增加更多就业岗位,为农村的发展带来活力。

发展乡村旅游业,需要以乡村资源为基本立足点,其中包括乡村优美的自然风光、独特的民俗风情,以及乡村中各项基础设施建设等,只有兼顾田园特色和整洁、便利的生活环境,才能更容易吸引城市人群的目光,吸引更多愿意前来体验生活的游客。而村民们作为乡村旅游的从业者、参与者、受惠者,在树立了乡村旅游意识的前提下,会不断提升环保意识,提升自身的文明自觉性,加强乡村民风建设,乡村环境也将得到持续改善,这对于乡村旅游业的兴盛和乡村经济增长能够起到良性推动作用。除了对当地经济和环境具有促进作用以外,乡村旅游资源的合理开发,还有利于促进乡村特色文化的传播和发展。一些乡村地区,尤其是少数民族村寨,会在宣传当地旅游资源、文化时着重宣传当地少数民族的风土人情以及民风民俗,以求在千篇一律的旅游市场中独树一帜,提升当地旅游产品的竞争力。特色民俗文化的展示与渗透,可更有效地感染前来体验的游客,使其能将在乡村旅游时感受到的民俗文化带回都市,这能促进民俗文化的传播。

二、乡村旅游资源开发的原则

(一)开发与保护并重的原则

对乡村旅游资源的开发还要遵循开发与保护相结合的原则,要维护好当地的生态资源,防止人为的破坏和污染。开发是目的,保护是前提,对乡村旅游资源如果不善加保护,那么,我们将丧失开发乡村旅游资源赖以存在的基础。乡村生态环境相当脆弱,目前一些旅游地的生态不够理想,人与自然环境也不够协调,因此,发展乡村旅游时,应千万注意乡村生态环境的保护与建设。加强策划者、管理者、开发者、旅游者的生态环境保护意识。

（二）兼顾经济效益与社会效益的原则

乡村旅游资源的开发要以取得经济效益为目的，因此，在开发前和开发中要注意投入、产出的预算，不能盲目地开发、建设。同时，要注意社会效益，不能只单纯地追求经济效益，要考虑旅游者的身心健康和获得更多的知识。朴实无华的大自然给人以返璞归真的感受，使人能得到充分的休息，健康长寿。

（三）兼顾整体性与系统性的原则

乡村旅游资源既形式多样、丰富多彩，又是区域旅游资源的一个组成部分。要把乡村旅游资源的开发利用纳入区域旅游开发的系统工程中，从区域旅游的角度出发，进行统筹安排、全面规划，形成统一的区域旅游路线，促进区域经济的发展。

（四）政府主导、本地居民参与的原则

旅游开发在政府主导下，应有主次、有先后的展开，不能盲目地开发，进行破坏性的建设。乡村旅游正处在初级发展阶段，因此，政府应发挥主导作用，对村落保护和开发、招商引资、旅游的规划、旅游配套设施的完善、旅游宣传促销等工作进行全面系统的安排，派专人指导监督，帮助村民顺利开展旅游业。制定的旅游发展规划应涉及旅游点的布局、风格要求、服务规范等，并监督执行，从而保障乡村旅游业有序、合理的发展。

人是组成乡村旅游资源的最活跃因素，在发展乡村旅游时一定要组织当地居民参加旅游服务，安排具有地方特色和民族特色的民俗文化旅游项目，使外来游客感受到原汁原味的乡村文化氛围。要加强对旅游从业人员的培训，使其熟悉旅游业务、学习行为规范、遵守旅游法规、提高服务质量、树立品牌意识和精品意识。吸收国内外发展乡村旅游的成功经验，建设一批具有示范作用的乡村旅游基地，并逐步推广。

（五）特色原则

乡村旅游对于都市人群的吸引力，在于乡村的特有魅力，既要保持乡村特有的"土"味和"野"味，也要保持乡村旅游资源的原汁原味，展示乡村本土的特有民俗民风，让游客体验到其独特之处。乡村旅游资源的开发是在其原有的自然风景的基础上进行的加工改造，而要使自然美和人工美有机地结合起来，促使两者协调发展，不能单纯地强调某一个方面。如果在原有的自然美的基础上进行合理的人为加工改造，则可起到锦上添花的效果。

三、乡村旅游资源开发的程序与模式

(一) 乡村旅游资源开发的程序

(1) 乡村旅游开发模式的确立。乡村旅游按区位划分，可分为都市郊区型、景区边缘型和特色村寨型三种类型。因此，乡村旅游资源在区位条件、区域经济的发达程度、文化背景、自然环境和社会制度等方面也存在差异，其开发模式也趋于多样化发展。乡村旅游开发模式就是根据客源市场需求及当地资源特色等情况，确立乡村旅游开发目标、开发方向及开发策略，旅游资源的旅游功能和旅游活动的内容，设计旅游活动项目，等等。

(2) 乡村旅游开发的总体设计确定了乡村旅游的开发方向和定位策略之后，就进入开发的具体设计阶段。开发设计是在调查与评价的基础上，本着乡村旅游开发原则和定位，确定旅游规模和开发内容，拟定旅游区的空间布局、功能分区和总体艺术构图，最终制定旅游开发设计的总体方案。

(3) 乡村旅游客源市场的开拓策略。旅游开发并不是简单地将目标集中于旅游资源本身进行景点开发和配套设施建设，形成由食、住、行、游、购、娱六要素所组成的完整的产品，还必须进行市场开拓工作，两者是相辅相成，缺一不可的。市场开拓，一方面是将景点建设、旅游活动与旅游需求联系起来，即根据旅游者消费行为特征，进行旅游开发；另一方面，通过多种媒介提高宣传力度，将开发的旅游产品介绍给游客，不断开拓客源市场，实现旅游开发的目的。

(4) 乡村旅游产品优化。制定好开发设计方案之后，进入开发的具体实施、市场开拓及经营运行阶段。但旅游开发并不应就此止步，而是要根据市场信息反馈和需求结构的变化，进一步认识旅游资源的价值与旅游功能，维持并不断提高旅游资源的吸引力，形成旅游开发的良性循环。

(二) 乡村旅游资源开发的模式

1. 乡村度假休闲模式

乡村度假休闲型是指地处城镇周边的乡村，利用离城市近、交通便利的条件，以乡村生态景观、乡村文化和农民的生产生活为基础，以家庭为具体接待单位，开展旅游活动的发展模式。这种发展模式的特点是：投资少、风险小、经营活、见效快。发展这种模式必须注意：一是要做好规划，防止产品简单重复；二是挖掘文化内涵，提升产品的品位；三是推行行业质量标准，规范服务；

四是加强对农民的培训，提升从业人员的素质。

2. 依托景区发展模式

依托景区发展型是指把附近旅游景区的部分服务功能分离出来，吸引周边农民参与旅游接待和服务，农民还可以为游客提供旅游商品和农副产品，从而促进农民增收致富和周边农村发展的模式。这种发展模式必须具备的条件：一是必须临近重点景区；二是游客量较大；三是周围农民具备旅游意识和服务意识。发展这种模式应注意：要加强配套基础设施建设，形成一定的服务功能；培养农民的旅游意识和服务意识，加强对从业农民的组织和引导。

3. 旅游城镇模式

旅游城镇建设型是指在旅游资源丰富的乡镇，把旅游开发与城镇建设有机地结合起来，通过建设旅游小城镇带动乡村旅游发展的模式。发展这种模式应具备的条件：一是居住条件、基础设施具有一定基础；二是具有独特的旅游资源，旅游吸引力大。这种发展模式应注意：要对小城镇进行科学规划，确保规划实施不走样；立足可持续发展，正确处理资源保护与旅游开发的关系；要多渠道增加投入，完善小城镇基础设施；要从当地实际出发，充分发挥农民参与小城镇建设的积极性，让农民得到实实在在的好处。

旅游城镇化作为新型城镇化的一种典型模式，是新发展阶段实现乡村振兴的有效路径。[①] 实施旅游城镇模式，也能显著促进乡村振兴的发展。第一，针对旅游发展过程中的结构性失业与环境污染等问题，应以政府为主导，构建企业、居民之间的利益共享机制，在保障农民就业的同时，优化乡村基础设施与生态环境，在以旅游业为核心、农业为根本的指导下，实现乡村全面振兴。第二，旅游城镇化对乡村振兴的驱动是一个长期作用的结果，当地政府应结合经济—社会—生态三维度的影响效应，探索乡村发展新路径。第三，乡村有其区别于城市的价值独特性，在发展旅游城镇化过程中应注重乡村的内生性发展，使乡村由被动的客体转化为城乡关系的主体。第四，旅游城镇化能有效驱动乡村振兴，但并不能视其为所有地区实现乡村振兴的万能路径，对于不适宜发展旅游的乡村地区不能盲目走旅游城镇化道路来实现乡村振兴。

4. 原生态文化村寨模式

原生态文化村寨型是指利用当地原生态的村寨文化资源，包括当地居住环境、建筑、歌舞等的独特性，以保护为主，因势利导开发旅游，促进乡村发展的模式。这种发展类型必须是当地村寨原汁原味的，具有独特的文化内涵。这

---

① 唐健雄，李奥莎，刘雨婧. 旅游城镇化驱动乡村振兴的影响效应研究［J］. 华中农业大学学报（社会科学版），2023（1）：174-185.

种发展模式要注意：一是做好整个村寨旅游发展规划；二是引入市场开发机制，促进旅游开发；三是要处理好保护与开发的关系，着重强调对当地原生态环境的保护。

5. 特色产业带动模式

特色产业带动型是指在村镇的范围内，依托所在地区独特的优势，围绕几个特色产品或产业链，实行专业化生产经营，以一村一业的发展壮大来带动乡村旅游发展的模式。这种模式需要三个基本条件：具有生产某种特色产品的历史传统和自然条件；有相应的产业带动，市场需求旺；需要一定的"组织形式"通过产业集群形成规模。这种发展模式必须注意：要定位准确，大而全就是没特色；政府不能越位、缺位和错位，要树立服务意识，避免过分干预市场；重视示范带头作用，分步实施；大力加强农业和旅游产业一体化组织程度；重视市场推广和自主创新，以特色促品牌。

6. 农业观光模式

农业观光旅游是传统农业和旅游业紧密联系到一起，依托农田景观、自然生态与环境资源等，结合农业生产、农村文化与农家生活等人文景观，为人们打造集休闲、娱乐以及文化教育等多种功能为一体的旅游产品，属于现代新型观光旅游，表现出新型、环保与跨产业的特征。[①] 我国农村地区有着十分丰富的资源，并且农村市场也有待进一步挖掘。

农业观光开发型是指利用农业生产过程的知识性、趣味性、可参与性，开发规划出观光、休闲、度假等旅游产品，满足游客需求，促进乡村旅游发展的模式。这种发展模式必须具备的条件：一是临近城镇、客源市场潜力大；二是交通便利，可进入性较好；三是农业生产知识性、娱乐性、参与性强。发展这种模式必须注意：要有良好的项目创意和规划；要认真对客源市场进行调研，分析客源市场的需求；要制订可行性研究报告；要加大对项目的宣传促销力度。

农业观光旅游应当要以乡村振兴发展为基础，不断改善当下的发展模式，在提升农村区域产业经济发展水平的同时，重视健全农村产业架构和发展体制，逐步创设多元化的发展生态，确保农业观光旅游可以做到与时俱进，更好地展现乡村振兴战略优势。

7. 生态环境示范模式

生态环境示范型是指具备良好生态环境的农村，以生态环境作为旅游吸引力，开发观光、休闲、度假旅游产品，促进乡村旅游的发展模式。这种发展模式，要具备便利的交通和良好的基础设施条件。这种发展模式应加强对生态环

---

① 阎平. 基于乡村振兴的农业观光旅游创新发展策略探讨[J]. 南方农机，2023（18）：101-104.

境的保护，防止旅游开发引起环境的破坏和退化；要培育旅游开发经营者和游客的环境保护意识。

8.红色旅游结合模式

红色旅游结合型是指在具备"红色旅游"资源的乡村，结合"红色旅游"的发展，组织接待旅游者开展参观游览活动，带动乡村旅游发展的模式。这种发展模式必须是在知名度较大的、革命遗迹和遗存较为丰富、旅游接待具备一定规模的乡村开展的。这种发展模式要注意：突出"红色"主线，体现"红色"特征；发挥"红色旅游"的革命传统教育功能；要因地制宜、量力而行、循序渐进。

四、乡村旅游资源开发的一般策略

（一）重视生态保护

乡村的生态环境与文物古迹，是乡村旅游业的优势，也是乡村之美的体现。[1] 乡村旅游对于环境的依赖是不可否认的，因此，开发者需要树立旅游资源保护的意识，并且将相关的保护措施落实到位，才能推动当地旅游业的健康、长久发展。首先，了解环境与文物古迹保护的相关规章政策。不仅当地政府要将相应的规章落实到位，旅游相关单位也要共同推动相关保护措施的落实，包括对于古迹的合理整修，对于古街的整修，以及对于当地街道、农田、河流等区域的垃圾清理、污染治理等内容。不同的工作，需要与不同的部门通力合作，这样才能发挥出更大的力量。

例如景区范围内的河道环境治理，要尽可能保证河道治理与景区经营的协调。要通过环境的优化去突出田园风光特色。田园风光是乡村旅游区的优势，是乡村旅游的魅力所在。所谓田园风光，应当通过实际的生产活动去体现。因此，相关部门应当基于本地的农业生产实际去进行环境清理，重点解决垃圾与污染问题，而不破坏原有的农田结构，也不应影响生产活动，甚至要让当地农业成为旅游业发展的主力。可以开创农园民宿、农场度假村等新的经营模式。要进一步提升对当地原始村落等遗迹的监管与保护力度，特别是制订有关当地酒店以及其他旅游相关服务设施的建设规划，更要做好监管，防止相关设施建设侵占原始村落的占地，破坏村落景观。

---

[1] 刘雨.论乡村旅游资源的开发与利用 [J].当代旅游，2022（14）：45-47.

(二) 加大乡村资金投入

弥补乡村旅游业发展的资金缺口，需要政府部门的重视与大力扶持。政府可以通过企业招标，在进行品牌宣传的同时加大资金投入力度。除此之外，乡村地区可与邻近区域不同种类的旅游项目交流合作，形成资源互通、共享局面，利用好周边现存的基础设施和相关产业布局，在合作的基础上帮扶互推，这不但有利于延长产业链，而且能拓宽旅游消费市场，增加客源，有效解决基金投入不足等紧迫问题。政府还可在项目规划、旅游线路调整等方面献计献策，必要时出台相关政策，加大对乡村旅游资源开发与后续发展的帮扶力度，为其腾飞增添新的动力与活力。

(三) 探索地方特色旅游资源

每个地方的发展，都有其不同的文化基础作为支撑，这也决定着地方旅游形象的核心要素。乡村旅游的特色体现，重点在于以下几点。

其一，要体现乡村本身的属性特征。乡村旅游主要的客户群体是钟爱乡村风情，甚至有着隐居情结的人，如果不重视乡村特色，他们便会选择城市景区。因此，相关部门应该意识到，乡村的特有环境正是乡村旅游的魅力所在。因此，对于当地资源的开发，也必须基于当地风土人情，基于原本的乡村生活。除基础设施（水、电、网络等）优化之外，当地建筑外观不应被过度改变，年代已久的老街民房更要做好维护。为了尽可能不破坏当地原有的布局结构，基于原有民居改建民宿、度假村等设施，是更为合理的。

其二，要兼具文化性。乡村旅游的文化魅力渗透在当地的生活中，但并不是所有人都有很深刻的体会，而是要有发现美的人，把乡村旅游区的文化魅力变成图像、动态影像，或是更加具体的宣传片，才能将乡村的魅力尽数展现出来。当地要针对乡村旅游文化宣传做出具体规划，整合当地不同的文化形式，填补文化宣传的内容，包括当地的饮食文化、戏曲文化，以及其他民间的特殊文化形式，这让文化宣传的内容更丰富，也能让旅游形象更丰满。

其三，要合理利用当地的特殊生态属性与生态资源，打造当地旅游品牌。溶洞、海岛、瀑布、火山、梯田、断崖，不同地区的乡村，都有其特殊的风景有待发掘与宣传。不同的地理与生态特征，也赋予了不同地区的乡村以不同的形象特征。例如，幅员辽阔的黄土高坡的地理特征，便赋予了陕北豪迈粗犷的气息，当地的农家人也受到环境影响，形成了特别豪迈、直爽、朴实的性格，这也决定了游客对于陕北的印象，能够吸引理解陕北粗犷魅力的游客。

（四）以创新思维促进新型旅游产品开发

开发者应认识到旅游产品同质化所带来的弊端，尽量以创新思维来规划将进行开发的乡村，立足当地乡村的自身特点，寻求和其他乡村旅游点不同的特色。应紧跟时代脚步，观察、调研热门景点的热门旅游产品，对其特色和优势进行认真分析，找到其受到游客欢迎和喜爱的原因，并分析游客的多样化需求，将其落实到当地乡村旅游产业中，赋予当地旅游产品新的面貌，开发出具有鲜明特色、符合广大游客审美的旅游产品。搜集当地乡村特色产品信息，对土特产进行大力开发，以其独特的风味吸引游客，带动土特产消费，这能为当地乡村旅游带来新的经济增长点。同时，应依托当地的自然人文环境，如追溯历史文化，将其制作成相应的科普书籍、艺术品等，赋予它深厚的文化特色，以创新性的目光面向大众市场。

（五）延长旅游产业链

乡村旅游资源具有整体性，若仅仅将目光投放于现存资源，则资源开发会流失很多极具发展潜力的开发项目。以生态农业游为例，品种丰富多样的农产品不但可以用来采摘，还可以加工成为特色食材，甚至观赏品，在加大宣传力度后，它就能作为旅游纪念品流入客源消费市场。如此一来，不但能减少农产品无谓的消耗，而且还能扩大消费者的购买欲望，增加农户收入，这使生态农业旅游成为乡村旅游业新的经济增长点。

（六）加强人才队伍建设

对于任何产业来说，优秀的人才都是其发展的基础。乡村旅游产业缺乏充分的发展经验，更需要成熟的人才体系支持，这样，其才能形成更加完善的行业体系。虽然当前乡村旅游业的发展更加推崇本地人的介入，因为本地人往往更加了解当地的风土民俗，但是不可忽视的事实是，乡村民众普遍存在文化水平低的问题，需要有相应的教育对其进行引导、支持，这才能让当地民众具备旅游业从业与创业的知识、能力与素养。针对当地已过学习年龄的民众，如果其有旅游业从业或是创业的意向，政府可利用农民的闲暇时间，开办技能讲座等，通过短暂的、渗透性的培训使其逐渐强化专业知识存储，提高专业技能水平及专业素养。除此之外，当地旅游行业与当地职业教育机构也要建立合作关系，在职业院校中开设旅游相关的专业与课程，包括导游专业、酒店专业等。开设与旅游业相关的课程，包括旅游学概论、管理学、旅游英语、酒店经营与管理等,并且将合作的旅游企业作为实习基地,培养专业人才。随着专业育人体系的完善,自然会有更多符合旅游业人才需求的从业者加入,支持当地旅游业的发展。

(七) 提高服务法质量

服务是口碑传播的关键性因素。① 虽然游客不太可能再次体验同样的"旅游",但是其对于旅游目的地的总体评价将直接影响周围人群和旅游目的地和风景名胜区的潜在市场发展。故而,良好的服务成为打开旅游市场的重要阀门。服务是一项多层次的事务,其主要包含旅游投资人员的服务、人才队伍建设、从业人员培训、旅游氛围创建等方面。实际操作中,大部分投资人员对于一些地域的乡村旅游文化资源依旧持乐观态度,但是经过调查后,其投资热度也不再。究其原因,一位投资者就发表过相关言论,即"打开吸引投资的大门,关上打狗的大门",因此就可以看出,旅游业的服务水平仍然较低。而提升服务水平,就应制定与乡村旅游开发投资相关的政策以及保障性措施,努力营造良好的自然环境,吸引优秀人才队伍,制定以业务、经营管理和职业技能培训为重中之重的乡村旅游文化资源培训内容,进一步加强服务意识和管理理念,创建和谐友好的自然环境,提升乡村旅游服务以及经营管理的质量。

(八) 注重宣传,打造品牌

虽然不少地方都对当地乡村旅游资源进行了开发,但能够真正吸引到游客的却少之又少,多数游客都不会将乡村景区作为度假首选。主要原因还是在于当前开发者对乡村景区的宣传力度不够,乡村知名景区少之又少,品牌建设水平较低。因此,开发者应该采用高效宣传手段,不断提高乡村旅游的知名度。在现代经济飞速发展、互联网当道的背景下,新媒体应运而生,开发者应该充分运用新媒体推出旅游景区宣传片等,推广宣传当地旅游特色及景区风光,以赢得更大的乡村旅游市场。一方面,应该在宣传过程中凸显乡村景区的自然景色之美,再现乡村景区的生态环境,并推广生态产品、当地特色美食,吸引游客注意。另一方面,应该充分利用节庆活动等开展宣传,为游客提供旅游优惠,依靠创新性的广告策划方案与多元的公关宣传手段,将品牌建设落到实处。

---

① 李秋宇. 乡村旅游文化资源开发策略 [J]. 当代旅游, 2022 (13): 31-33.

第三节 乡村旅游产业的发展方向

一、与文化产业相融合

(一) 与文化产业相融合的意义

(1) 有利于促进乡村旅游的转型和升级。这升级体现在多个方面,包括发展方式、旅游模式和进行形态的优化升级,这能使乡村旅游朝着规模化、综合化、效益化和集约化的方向发展。乡村旅游产业有很大的增值潜力、发展潜力、创新潜能,这为乡村旅游转型提供了巨大的动力。

(2) 有利于形成旅游产业链。这些产业链囊括了市场、资源、功能和品牌等方面,不仅对这些方面进行融合,还要不断拓宽乡村旅游的产业链,满足人们各种各样的需求。在拓宽产业链中对乡村旅游的内容进行开拓和发展,能降低乡村旅游产业的成本,增加旅游产业的价值。

(3) 有利于使乡村旅游产业的地区进行一体化经济建设。乡村旅游产业的发展与地区许多产业发展息息相关,促进了从生产、人力到市场间的融合,使其不再受地域上的限制,促进了各个产业间的融合并不断相互渗透和优化配置。[①] 在乡村旅游产业的发展下,形成了一批各种产业间的联盟,其将产品进行规模化生产,发挥了强大的经济带动作用,优化了产业结构,最终实现了乡村旅游产业与地区的一体化经济建设。

(二) 与文化产业融合发展的原则

1. 以市场需求为导向

乡村旅游的开发思路必须改变,依托资源进行开发的形式必须转变,只有把市场需求作为开发的导向才能实现乡村旅游的可持续发展。面对旅游者持续变化的需求,只有以市场为导向的开发模式才符合乡村旅游的发展潮流,才能帮助乡村旅游地获得更大的经济效益。随着我国社会进入加速度发展阶段,旅游者的需求也出现了显著变化——日益生态化、休闲化、主题化,而我国乡村旅游的发展现状却无法与之相适应。因此,乡村旅游产业在与文化产业融合发

---

① 韦菁华. 文旅融合背景下乡村旅游产业融合发展理论分析 [J]. 花卉, 2021 (16): 289-290.

展时，必须进行深入的市场调研，洞察市场的动态，预测市场需求。并以此为依托，结合乡村旅游与文化产业发展的现状，积极寻求政府的政策、资金、信息等方面的支持，确定乡村旅游与文化产业融合发展的路径、策略，从而最终实现乡村旅游与文化产业的高效融合。

2. 坚持全面融合

乡村旅游与文化产业的融合绝对不能蜻蜓点水、浅尝辄止，必须从方向上实现纵横全面的融合，从程度上实现深入彻底的融合。横向上，在产业交叉区域，首先进行产业的融合开发。纵向上，乡村旅游与文化产业的融合应贯穿整个产业链的始末，从原料供应环节的融合、产品研发环节的融合、市场拓展环节的融合，到信息反馈环节的融合，努力打造特色鲜明、具有显著竞争优势的新产业链，甚至是依据产业链的形成发展产业基地和产业集群。

3. 坚持可持续发展的原则

乡村旅游与文化产业的融合发展，是乡村旅游发展的必然趋势，也是实现乡村旅游转型升级的重要途径，更是实现乡村旅游可持续发展的重要手段。乡村旅游可持续发展包括乡村经济、社会、生态、文化的可持续发展。因此，乡村旅游与文化产业的融合不仅要重视经济效益，更要重视社会效益、环境效益与文化效益。要想实现此融合目标，必须以生态位前提，以文化为主题，以特色为基础，以人为核心，以产品为载体，以体验为品质，只有这样，乡村旅游业才能真正实现可持续发展。

（三）与文化产业融合发展的策略

1. 加强历史文化资源挖掘

历史文化是文化体系的重要组成部分，保证历史文化得到充分合理挖掘，是提升民众文化自信，保证新时期文化产业稳步发展的必然选择。[①] 在今后的发展中，地方政府应结合本区域乡村地区传统文化元素和文化产业的长远规划，对历史文化进行深度挖掘，同时将历史文化作为乡村地区旅游业发展的基础，提升本地区乡村旅游业在网络平台上的关注度，确保文化产业与旅游融合发展的有效性。除此之外，还需要充分认识到旅游业作为服务密集型产业的优势，借助深度挖掘历史文化资源的契机，以历史文化资源为抓手扩大旅游业发展规模，实现乡村旅游产业与文化产业同步发展的目标。

2. 提升文旅背景下产业的融合程度

为促进各行业间的相互融合，可以采取以下方式。

---

① 夏知晓. 乡村振兴背景下文化产业与旅游融合发展探究 [J]. 旅游纵览, 2023（10）：109-111.

第一，首先找出当地特色的文化。比如古朴的生活方式、特色的建筑风格和特别的风俗习惯等，这些非物质文化遗产可以作为当地的特色文化来进行宣传，以形成具有文化底蕴的旅游特色链条。

第二，应考虑不同游客的不同需求，除了要考虑游客在生活上的需求外，还要为游客提供临时休息的地方，比如休息的小凉亭等设施，并且要发展农家乐和当地特色民宿。当然，这其中也少不了政府的参与，比如修建公路，为游客和当地居民提供便利的交通环境，改变整个农村的环境，从而促进旅游业的高速发展。

3. 挖掘乡村文化产品

文化产品是文化产业的重要组成部分，合理开发、设计和应用乡村文化产品，能够在一定程度上提升游客的游玩兴趣、保证旅游业发展质量，同时能让本地区的乡村文化得到传承，可谓一举两得。在今后的工作中，应尽快认识到挖掘乡村文化产品的积极作用，并对具体的挖掘方法进行探索。比如，较多地区都有历史悠久的传统手工艺，对这部分传统手工艺进行整合和开发，组织村民参与乡村文化产品制作活动，在产品质量过关且得到市场认可的情况下，还可以将其作为文化、旅游、经济发展产业链的一个环节进行细化调整，建立手工艺品销售渠道，在开发文化资源、发展旅游业的同时，给村民带来比较可观的收益。除此之外，我国拥有十分丰富的美食文化，大多地区都有特色美食和农产品，它们往往蕴含着当地浓厚的人文情怀、地域风俗和文化特色，这些美食和农产品都可以作为旅游文化产品进行开发，旅游者在美食的吸引下，必定会获得更加优质的游玩体验，这对于当地乡村旅游业的长远发展有一定的积极影响。比如，需要加强乡村农庄建设、将本地的传统美食纳入农庄旅游规划中，让美食文化成为助推旅游业发展的重要动力，以达到推动文化产业与旅游融合发展的目的。

4. 依托科学技术，实现产业融合

某项高新技术的融合运用就能够使得产业之间的融合更为方便快捷。通过提高科学技术水平，产业之间的融合有了更多的发展机会。并且，通过技术水平的提高，还能够扩大乡村产业以及相关产业的竞争优势，提升乡村旅游产业的竞争力。对乡村旅游产业而言，技术进步能够开发出一些具有替代关系或有关联性的产品，将这些新的产品与理念延伸渗透与融合后的新业态中，又能够很好地改变乡村文化旅游产业的发展路线，丰富乡村文化旅游产业具体发展的形式，从而使乡村文化旅游产业内外的融合发展得到不断的扩展与延伸。因此，科技水平的提高，能够实现乡村文化旅游产业间更加便捷的融合发展。

5. 塑造品牌文化，加强市场营销

旅游产业与文化产业融合需以市场为导向。企业要营造良好的发展投资环境和消费环境，多元化的特色旅游商品和特色服务是旅游业收益增加的重要来源之一。[①] 文化特色是旅游的灵魂，当地政府在产业联动过程中应注重当地文化的挖掘、传承和保护，以旅游热点地区为重点，对有发展前景的文化旅游项目给予扶持，将旅游与文化联动发展作为特色项目，支持其向品牌化发展。同时，大力发展网络营销，通过手机、电视、广播等传播媒介来提高文化旅游产业的知名度。

6. 完善跨界治理机制

产业融合的过程中，必然会产生由规则制定、资源配置、分配制度等方面引发的发展不均情况，所以在产业融合中尤为重要的是尽可能完善跨界治理机制。这一机制必须首先确保有效协调各个利益集团，并实现集团间的联动发展，以集团共同制定的发展目标为依据，选择符合双方共同利益的管理模式，最终实现乡村旅游资源的科学有效配置。

具体来说，从三个方面落实：第一，建立一个凌驾于产业管理主体之上的部门来实现统一指导，如乡村旅游发展指导委员会，实现资源的统一调动、配置、部署等，便于快速提升产业品质；第二，创建灵活实用的奖惩机制，调动各个利益集团的发展动力，同时实现利益分配的科学规范化平衡，可以根据发展的需要与发展的阶段，有针对性地采取灵活有效的激励政策。可以设立诸如市场开发、产品营销、创意人才引进等基金，如"产业融合市场开发基金""融合型产品营销基金""创新性旅游人才引进基金""旅游环境改善投资基金"等。第三，建立有效的监督机制，主要通过一系列法规制度的完善来实现对相关利益主体行为的约束和监督。

二、打造乡村旅游特色小镇

（一）打造乡村旅游特色小镇的必要性分析

随着我国经济的快速发展，人们开始追求更加享受的生活方式，比如，到各地去旅游。刚开始，很多人都选择去城市或者名山大川旅游，但随着人们向往宁静和悠闲的旅游方式，乡村旅游变得流行起来。

乡村旅游这种旅游形式最早出现在法国，到了 20 世纪 80 年代后，乡村旅

[①] 陈学念，杨莎，熊涛，秦趣. 乡村旅游产业与文化产业融合研究——以贵州省六盘水市娘娘山为例 [J]. 黑龙江科学，2019（17）：144-146，149.

游开始在全世界流行起来，显示出越来越强大的发展潜力。

随着旅游发展进入全产业链发展模式，以前那种家庭式的乡村旅游模式已经不能适应旅游形势的发展，需要走集约化发展道路。因此，将乡村旅游整合到特色小镇建设中就显得非常必要，这符合人们"回归自然"的心理需求，适应了我国旅游开发形式转型的客观要求，使我国的生态旅游形式变得更加多样性。

乡村旅游特色小镇的建设和发展，在解决农村的非农产业的发展与农民就业问题、实现农民收入的持续增加方面发挥着重要的作用。[①] 贫困问题的解决重点和难点在农村，传统帮扶式的扶贫方式无法从根本上解决农村脱贫问题，发展乡村旅游，可以有效地将原有以养殖业和种植业为基础的传统农村第一产业与旅游服务第三产业相结合，以农家风味品尝、观光游览、文化游览这些项目来满足游客需求，带动更多的农村剩余劳动力转移到非农产业中，以"造血"的方式带动农民，尤其是贫困户增收，这能实现精准脱贫。

（二）打造乡村旅游特色小镇的策略

1. 打破同质化

只有在求同存异的基础上，挖掘自身特色，寻找适合的发展道路，乡村旅游特色小镇才能够实现经营的长期化、持久化。[②] 沿海地区可以将地域优势作为有效依托，打造海洋生态馆、开发游泳训练营、开展海鲜美食节等活动及项目，将普及海洋文化、锻炼生存技能和品尝海鲜美食融合在一起，从而吸引内地居民到沿海地区度假，享受海边无尽风光；森林地区则可以挖掘自然优势，以绿色天然氧吧、体验夏日清爽为品牌代名词吸引游客关注；少数民族地区要充分利用民族文化优势，将特色文化转化为特色旅游小镇优势，让多元化的文化生活融入旅游产业，使游客沉浸在少数民族文化盛宴中；具有红色背景的地区要将红色故事讲好，在普及红色知识及文化的同时，培育红色文旅产业。

在乡村振兴的全新背景下，无论是旅游开发公司还是乡镇居民，其都应该集思广益、群力群策，应该深入挖掘旅游小镇特色，把握政策红利机遇，勇于创新，趁势培育特色旅游产业，从而为特色旅游小镇的长期发展奠定良好基础。

2. 进一步塑造特色小镇独特的功能

决策者与参与者均需具备对乡村旅游涉及的自然、艺术、文化的共情能力，

---

① 周天沛．乡村旅游特色小镇的发展路径与对策研究 [J]．产业与科技论坛，2020（17）：13-14.
② 高科佳，赵静，赵永青．乡村振兴背景下特色旅游小镇发展战略研究 [J]．农业经济，2022（2）：61-63.

应借助小镇空间来表达生活中的常见事物与概念，找到输出商业价值和文化价值的平衡点，凸显小镇的独特价值或标志性功能，旨在展现差异，避免陷入功能雷同的恶性竞争。

国内特色小镇可以参考美国、欧洲在这方面的先进经验，清晰地明确特色小镇的功能定位，在准确定位与培育乡村旅游特色小镇独特价值功能的过程中，应该做好要发展规划，打破经济效益指标的单一化束缚。要意识到营造绝非可以短期速成，必须做好深度、长期培育的计划；① 要尽可能地把握特色小镇的创建和发展进度，结合具体情况持续调整发展规划，保持方向、政策层面的稳定性；不能过度追逐商业价值，谨防沉迷于花里胡哨的营销手段带来的一些暂时性收益；要为特色营造赋予更多的内在价值，持续扩大小镇独特的优势，使小镇特色发展走得更加长远。

3. 各级政府应该行动起来

在特色小镇发展模式推进过程中，目前面临的问题是优化经济结构，转化经济动力，深化乡村农业发展改革，向有利于符合宜业宜居的生态居住环境及产业发展方式转变。因此，政府应通过政策等宏观调控手段来实现小镇可持续发展。

（1）发挥政策、法规的科学引导作用

首先，科学合理制定特色小镇发展战略。其次，优化税收政策体系。最后，完善立法制度。小镇空间布局应与周边自然生态环境相协调，能够彰显当地的传统文化特色和地域特色。第一，建设过程中应当时刻严格遵循与环境保护有关的法律法规，在保证绝不触碰生态红线的前提下，考虑小镇的建设对于现代人生活的重要意义。第二，长久的绿色发展需要法律条例的规范和约束，同时通过设立相关法律，包括像地区性环境保护法律法规、社会管理法规、资源开采许可法规、政府公共服务政策法规、社会保障法律体系等，来保证国家宏观调控的引导和规制。

（2）加强社会公共基础设施建设

第一，提供强有力的资金保证。第二，修护小镇道路系统。第三，完善其他公共服务设施。公共服务类设施是确保当地居民宜居宜业的根本，也是外来游客必不可少的体验。要加强对于地区性的基础设施建设及其公共服务设施配套的提档升级。

---

① 刘卿文，朱丽男. 乡村旅游特色小镇的勃兴及去同质化困境的破解路径 [J]. 农业经济，2021（7）：45-47.

（3）创新政府购买运行机制

可以通过政府雇请公务人员、教师、建筑人员等建立公共设施；或者政府出资委托、公开招标，移交建设项目给个人或者社会组织，完善城镇服务功能，以小城镇建设带动区域性脱贫，打赢这场攻坚战。

（4）不断完善小镇评价机制

第一，建立有效社会保障机制。发展任何模式的特色小镇，都是在以人为本的基础之上进行发展道路的人为设计和选择，改善养老保障、医疗保障、教育保障等体系，通过当地收入分配保障居民生活，以及促进再分配的实现，营造美丽宜居的生活环境。

第二，建立长效督导考评机制。特色小镇的发展是长期的项目，一方面，党政机关除了要引导当地居民形成生态发展意识，带动居民针对来往游客的环保行为进行监督之外；另一方面，政府还应该设立专门的监管部门，不定期针对乡镇整治情况进行明察暗访，着眼于长期的、有利于代际公平的发展，通过产权清晰归属划分、权责明确，做到生态和经济的协调发展。最重要的是，各级政府部门及党政机关需要切实从人民群众出发，时刻以能够为人民谋取最大福利为己任，切实为人民利益服务，端正工作作风，谋求乡村建设发展。

4. 加强乡村旅游人才队伍建设

旅游产业发展的核心是旅游专业人才的竞争，旅游业作为服务业的重要组成部分，高质量、专业化、贴心化的旅游服务必然能够得到游客的青睐，而提供这些服务的基础便是拥有专业素养的人才。因此，旅游小镇要注重乡村旅游人才队伍建设，用夯实的理论基础和丰富的实践经验包装旅游产品及服务，以期提供优质的旅游服务。在乡村振兴背景下，农村成为政府、企业及高校的重点帮扶对象，旨在提高农村经济综合实力。旅游开发公司可以联合乡镇政府实施人才引进政策，公司提高职工的薪资待遇水平，而乡镇政府解决职工居住、子女入学、父母养老等社会难题，从而让专业人才放心扎根乡村，为特色旅游小镇的发展贡献力量；旅游小镇可以与高校开展产学研合作，将教学、实践实现一体化融合，培养大批具备专业素养的实践型人才；经济发展水平较高的乡镇可以凭借雄厚的经济实力引进旅游管理博士团队，创新经营模式，为国际乡村旅游业发展贡献中国方案。

5. 重视市场力量

（1）完善产品的价格机制

价格形成机制的发展，是小镇可持续发展的主要动力之一。价格机制不完善可直接导致农村产业发展的呆滞。其一，绿色发展需要考虑生态环境成本。不论是初级自然资源的开采利用，还是后期产品加工使用带来的各类环境问题，若将环境成本计入产品价格均能优化现有的价格形成机制。其二，通过竞争发现市场价格。适当减少对于产品价格的控制，通过市场供求形成互补性产业和替代性产业，从而在加入环境成本的最低定价的基础之上，彼此制衡产品价格的定制，例如，小镇餐饮、酒店消费等。其三，给予新兴产业的价格补贴。特色小镇建设需要从产业发展源头，即产品原材料的选取进行合理定价，例如，绿色产品的使用及购买，若一开始便设定过高的价格，很容易限制产品市场的规模发展。由此，政府可以采取手段给予产品生产的价格补贴，直到以绿色产品为主的新兴产业与传统产业一样具有商业竞争力时再取消。

（2）建立有效的竞争机制

首先，建立多元化资金投入机制。特色小（城）镇要与大市场进行对接，必须通过市场竞争，创新建设资金渠道。目前，各地已经通过相关投融资机制改革，推进政府和社会资本合作，鼓励利用财政资金撬动社会资金，共同发起设立美丽特色小（城）镇建设基金。PPP模式已经成为小镇发展的重要资金来源，但在此基础上需要注意的是，如何更好地划定PPP模式适用的范围，从而通过市场化运作和专业导向拉动政府和企业的有效合作，促进镇企融合发展。另外，要在政企合作建设发展过程中，注重资产有效运营，引导社会资本参与美丽特色小（城）镇建设，建立一个以政府、社会资本、运营"三位一体"的开发平台，这能使不同的投资主体通过竞争参与其中，创新性地开拓小镇建设资金渠道。

其次，建立产业发展的竞争机制。特色是小镇发展的命脉，这种命脉又表现为特色产业发展模式。特色小（城）镇是促进大众创业、万众创新、形成新产业的新空间。首先，竞争是避免产业类型同质化的重要手段，应淘汰不景气的产业并创新产业发展。其次，产业发展应该走差异化道路，通过新的理念、要素、机制和载体的融合推进产业集聚、产业创新和产业升级。对于美丽宜居小镇发展，可通过核心产业的重点发展，设立自己的配套产业、支持产业和衍生产业，实现综合发展模式。最后，小镇的产业发展机制需要在实践中完善，例如，可以从产业结构、功能植入、空间重塑、环境修复、文化再生和保障措施等六个方面对特色小镇进行转型升级路径探索。

第四节 我国乡村旅游产业竞争力提升战略

一、乡村旅游产业发展的主要模式

(一) 政府主导的产居一体化改造

乡村旅游发展最为常见的实践进路是由地方政府推动的农旅融合模式，此类模式将全域旅游与乡村建设结合起来，使乡村社会生产与运作形态能够满足自身的景区发展需求。政府整合土地资源，不仅能够为旅游景观建设创造地域条件，还会推动大规模的土地流转，有时可能会将整个农村作为景区的配套用地。例如，有些农村没有特殊的人文资源或产业优势，但自然景观较为瑰丽，当地政府部门便会围绕自然风景进行规划，通过土地征收、招标、拍卖，以及挂牌等形式流转农村用地，打造观光项目或康养基地，丰富乡村旅游业态。又如，一些农村的气候与地理环境较好，适合发展农产业，当地政府则会将大量土地流转为耕地，只是这一类耕地并非用于传统的粮食作物生产，而是种植富有本地特色的水果、鲜花，以供游客采摘或欣赏。在土地资源规划整合完毕后，地方政府会根据游客的实际需求，围绕乡村的生态环境与资源配置情况完善基础设施建设，打造诸如观景台、文化墙、生态园林、集会广场、民俗体验馆等乡村游览项目。政府为彰显农村景区商业价值，会对辖域内的道标、指示牌、洗手间、停车场、商用建筑以及民房展开统一规划，如在指示牌中绘制本地吉祥物，将房屋改造成统一的民族风格等。政府主导下的乡村旅游发展会将农村土地改造为能够承载生产生活与旅游服务的新型复合空间，这种产居一体化的空间形态在一定程度上改变了农民的生产生活方式。

(二) 资本主导的旅游空间商品化改造

资本主导、市场赋能是乡村旅游发展的另一条实践进路。在乡村振兴背景下，大量资本下乡参与农村社会的环境治理、产业建设、投资融资等。参与乡村旅游投资的资本方主要有以下三类：一是本地私企，投资行为主要表现为本地杰出人才返乡创业，这类投资一般规模不大，但投资人具有较强的家乡情怀，在处理相关事务时比较照顾乡邻利益；二是城市工商资本，这类资本往往由驻地农村的房地产、加工生产企业转型而来，投资规模较大；三是以专业旅游公司为代表的行业资本，此类企业不仅投资体量大，而且对旅游开发的行业规则、市场规律、运行机制较为熟悉，注重维护自身的旅游品牌，相较于前两者更具专业性。

资本下乡后会对农村社会进行商品化改造。首先，资方以政府出台的政策为基础，确定产品定位与开发方案，并盘活农村各类资源，打造符合乡情民情的多元化旅游产品，以吸引外地游客，比如，根据当地民族服饰设计旅拍产品、围绕农村历史事件打造旅游纪念品等。其次，对乡村旅游产业展开长期运营、推广与维护，不断提升乡村旅游品牌的市场影响力与竞争力。有些景区会通过扩展项目并采用"封闭式管理+门票"的方式实现创收，如玻璃桥、环绕小火车、儿童游乐场等。最后，资本主体也有可能参与同旅游相关的附属产业建设，如住房开发、酒店运营等。资本主导的旅游空间商品化改造应遵循市场逻辑，以经济利益为主要驱动力，对于效益差的项目及时展开整改，这能在保证资金投入合理的同时还能促进旅游项目的提档升级，充分激活乡村社会的经济价值。

（三）政府扶持资本实施的大型项目建设

乡村旅游建设还可以利用政府与资本主体协同发力的共建模式。乡村旅游产业的发展有助于提升市场参与者的经济收益。政府具有扶持资本主体的主观意愿，同时资本在乡村旅游项目开发过程中也有动力吸纳政府所提供的发展资源。[①]

不同于单向发力式的乡村旅游开发模式，政府扶持资本主体所开展的往往是大型项目或多项目捆绑建设工程，如特色农房改造、美丽乡村建设、绿色文明示范村打造等。这些项目大多需要住房和城乡建设部、国务院国有资产监督管理委员会、国家发展改革委等政府职能部门的审批，而且前期投入资金体量较大。此外，一些污染治理、道路绿化、旅游就业安排等持续时间长、覆盖地域广且需要多方主体配合的项目，一般也可采用政府扶持资本主体的方式开展。政府的扶持能够弥补资本主体公共服务供给能力的不足，同时，类似生态廊道、田园综合体等投资规模大、参与主体复杂且对生态环境改动较多的项目，则需要由资本方主动吸纳农田水利、土地治理等项目的资金。可见，上述列举的各类大型项目与乡村旅游本身的契合度较高，很难通过单一实施主体来实现，需由地方政府调用行政资源并出台产业相关配套政策，由资本方整合区域内外资源，根据市场经济规律制订旅游开发方案，即二者协作发挥宏观调控与资本运作的叠加效应，推动乡村旅游产业的质量提升与业态调整。

---

① 严琰. 乡村旅游产业发展的主要模式与优化路径 [J]. 旅游纵览, 2023 (10): 118-120.

二、中国乡村旅游产业竞争力提升战略梳理

(一) 形成乡村旅游产业发展理念

任何实践行为都要建立在充分的认知基础上。因此，在开发乡村旅游产业的过程中，各个责任主体都要做好调研工作，全面掌握当地情况，在布局上下足功夫，综合考虑周边的自然地理环境、产业布局及交通等因素，科学划分生产、生态、生活等功能区域，在充分调研的基础上形成完整全面的认知，从而科学合理地规划布局当地乡村旅游产业。在开发策略具体执行方面，更要依据当地的实际情况，结合当地自然环境和产业经济发展规律，制订科学的开发计划。需要特别注意的是，在借鉴其他地区乡村旅游产业发展经验的同时，要学会取舍，不可将其他地区的经验和模式生搬硬套到本地发展中，要遵循因地制宜的原则，开发策略必须与当地发展规律相符。

同时，要加强对当地旅游产业各个参与主体的培训和指导，重点对项目开发商、景区商业区经营者、服务人员进行培训，提升该群体对乡村旅游产业开发的认知水平，加大旅游法律法规知识普及力度，定期举办乡村旅游发展知识讲座，让各个参与主体参加学习和培训，全面提高其文化水平和专业能力。此外，农民是乡村的主体，乡村旅游产业开发离不开农民的参与。农民是传承乡土文化的载体，没有农民的参与和支持，乡村旅游产业就难以真正发展起来，因此，必须引导当地农民参与到乡村旅游开发中，重点加强对其的培训和指导，让农民真正成为促进乡村旅游产业发展的主体。

(二) 尊重社会发展客观差异

在资本下乡展开旅游产业经营的过程中，资本主体掌握了农村空间的开发权。由于资本具有天然的逐利属性，乡村权利空间形成了以竞争逻辑、商业逻辑为主导的博弈格局。资本主体在博弈中占据优势地位，能够给资本带来利益的消费者成为乡村社会的权力主体，村民的空间收益权逐渐窄化，本应彰显地方特色的旅游业反而走上了去乡土化的发展路径，这对乡村社会和旅游产业的长远发展十分不利。

对此，乡村旅游行业在发展中应当尊重乡土社会与城市社会发展的客观差异，因地制宜地发展特色产业。乡村旅游发展应聚焦于不同主体的实际需求，既服务外来游客，又关心本地乡民的经济利益。一方面，要全面整合乡村自然与人文资源，根据农村的民俗特点、地域风貌、公共设施基础等条件合理规划

旅游空间布局，打造乡村特色旅游品牌。另一方面，对于特色资源禀赋较差的乡村，应当提前做好公共设施与基础服务保障体系建设，并促进本地农耕、林果、养殖产业的发展。在打好基础后，方可展开差异化旅游空间布局规划，找出本地的产业发展重点，在避免同质化竞争、丰富产品种类的同时保留乡土气息，实现乡村旅游与本地产业的融合发展。

（三）构建良好的营商环境

第一，乡村旅游产业发展要做好投资规划，注重招商引资。一方面，旅游产业并不是单一产业，而是要实现各个相关产业之间的深度融合。招商引资必须有价值高的特色产业来吸引外资，这就要求形成当地区域特色产业集群，发挥产业集群效应。当前，乡村旅游产业开发得如火如荼，旅游市场上出现了不少同质化的产品。基于此，一方面，要占据旅游产业市场，就必须培育具有特色和市场竞争力的优质产业。另一方面，在培育优质产业的同时，要营造良好的营商环境。政府部门应该针对当地乡村旅游项目开发实际，制定合理的招商引资制度，营造开放、包容的大环境，注重引进外部资金，为当地乡村旅游产业发展打牢基础。

第二，要把握好乡村旅游产业开发的预算约束力度，防止出现投入过多、资源浪费的情况，也要避免因资源投入不足产业发展受到限制的情况。应合理规划预算和投资，清晰划分政府和市场的职能权限，抑制过热投资，合理引进外部投资，把握好预算与投资的度。同时，要注重人才的引进，包括专业的旅游行业人员、商业模式管理人员、市场开发人员、营销人员等，乡村旅游产业发展离不开高素质人才的推动。

（四）加大对乡土文化的保护力度

目前，部分乡村的自然环境、传统民居等都遭到了一定程度的破坏。为了保留乡村旅游资源，必须加强对自然环境、传统建筑的保护，让乡村旅游业实现可持续发展。[1]

首先，要做好乡村旅游项目规划工作，注重各旅游项目的顶层设计，加强规划引领，全面做好各项规划编制工作。通过建立专家团队等方式，严格把关和规划旅游项目的进程。充分展现乡村特色的自然风光和人文特色。并且，在规划的时候尤其要考虑乡村旅游景区的接待能力，合理规划旅游路线，让游客获得良好的旅游体验。

---

[1] 付检新. 乡村旅游产业发展策略探究 [J]. 广东蚕业, 2022 (11): 108-110.

其次，还应该加强乡村的环境治理工作，对于正在运行的乡村旅游景区，应该完善自身的监管机制。一旦乡村旅游景区环境有所破坏，需要采取妥善的应对措施。此外，为了更好地维护景区环境，必须及时做好垃圾分类、清理工作，定点定时安排环卫人员对景区的地面垃圾进行清扫，同时在草地等易堆积垃圾等地设置一定数量的环境保护标语，标语应简洁明了且具有趣味性，这能增强游客的环保意识。除了游客外，还需要对当地居民进行环保宣传，这就需要当地政府发挥作用，政府应控制废水废气的排放，以免污染水源和空气，同时向民众宣传环境保护对于发展当地旅游业的重要影响，让民众认识到保护环境的重要性。同时，要定期对景区的传统建筑进行维护。

（五）加大监管力度

当地政府及旅游监管部门必须加强对乡村旅游业的监督和管理。

首先，要制定全面细致的乡村旅游业发展管理条文和细则，将乡村旅游业发展管理规则细化，并及时针对规章制度做好宣传引导工作，使当地乡村旅游开发的每个步骤和每个细节都有章可循，并将其全面纳入法律法规体系中，对其加强管理。

其次，监督管理部门必须将管理办法、细则等落到实处，定期对当地旅游业点位进行抽查，重点整治不合规的旅游观光项目，重点排查不合规的经营行为。例如，要定期查验旅游景区内餐厅的卫生许可证、餐厅内服务人员的健康证、景区项目的审批证明等，对于不合规的现象，应及时给予警告和处罚，从而全面规范当地乡村旅游产业发展。

最后，要对乡村旅游文化进行建设和宣导，结合旅游产业发展的实际情况，培育当地旅游文化，营造良好的旅游业发展风气，推进文化和旅游融合，从人文情怀出发，提供精细化、个性化的服务。[①]

---

① 刘丹．乡村旅游产业发展的风险因素及对策探究［J］．漫旅，2023（3）：94-96.

第四章　城市旅游开发与竞争力提升探究

随着我国城镇化发展速度的加快，城市呈现出极大的扩张趋势，很多自然风光和历史人文景观被纳入城市范围，成为城市旅游的重要资源。城市旅游资源的丰富性和特殊性，对各地旅游者起到了极大的吸引力。因而，应当对城市旅游资源进行科学分析与深入开发，切实提高城市旅游的竞争力，占领国内外旅游业市场。

第一节　城市旅游概述

一、城市旅游的概念

城市旅游与发展城市作为区域的政治中心、经济中心、交通中心、文化中心等，吸引着大量外来人口或是定居在城市，或是临时居住在城市，或是经过城市中转，因而也带来了大量的旅游客源。同时，城市又因为能够提供吃、住、行、游、购、娱等项目而成为重要的旅游目的地。区域旅游的发展也依赖于区域内的重要城市，这些城市往往是旅游者先期到达的门户或者枢纽城市。[①]

"城市旅游"在目前国内外有限的研究中，并没有大家公认的定义。城市旅游是典型的复合词，将之解构，可以得到"城市"和"旅游"两个概念。

根据《城市规划基本术语标准》（GB/T50280—1998），城市是指以非农产业和非农业人口聚集为主要特征的居民点，包括按国家行政建制设立的市和镇。

旅游是指个人以前往异地寻求审美和愉悦为主要目的而度过的休闲和消费属性的短暂经历。[②]

综合两者的要素，可以认为，城市旅游是指发生在城市行政区域内各种游

---

① 温彦平，彭红霞，刘超. 旅游地理学 [M]. 武汉：中国地质大学出版社，2022：137.
② 张建忠. 旅游学概论 第3版 [M]. 北京：中国旅游出版社，2021：5.

乐休闲活动的总称，是以现代化的城市设施为依托，以该城市独特或丰富的自然和人文景观以及周到的服务为吸引要素而发展起来的一种旅游产业体系。

1990 年，世界旅游组织曾就城市旅游开发提出 8 条原则：区域整体性、生态性、可持续、公平、充分的信息与沟通、地方公众主导、规划分析优先、良好的规划监测。[①]

从国际旅游业发展经验看，世界各国几乎都是以城市旅游作为整个国家旅游业的"窗口""支柱""基础"和"辐射中心"。例如，美国的旅游业"窗口"在洛杉矶、芝加哥、纽约、华盛顿等大都市，并将这些大都市作为向全国辐射的"基地"。西班牙以马德里为"窗口"和"基地"向国内各地区辐射。英国以伦敦，荷兰以阿姆斯特丹，德国以柏林、波恩，澳大利亚以堪培拉、悉尼，日本以东京、大阪，泰国以曼谷等大城市为中心发展旅游业。

二、城市旅游的特征

城市旅游形象是城市形象的一种体现和重要组成部分，它是伴随着大众旅游的产生、旅游业尤其是城市旅游的发展而提出的概念。城市旅游是以特定的区域作为城市空间依托，结合城市综合水平，吸引人们开展一系列诸如城市观光、城市文化风情、城市建设成就博览、城市名人探访、城市购物等活动的一种体验旅游方式，是发生在城市的各种游憩活动的总称。

城市旅游包括国内城市旅游和国际城市旅游；就一国城市规模而言，它又可分为一般城镇旅游和都市旅游。由于城市一般都是区域的政治、经济、文化中心，又是交通枢纽，因而，城市会成为旅游业的基地，城市旅游产业则成为旅游业的主体。在城市旅游过程中，旅游者的活动区域主要集中在城市，城市也为旅游者提供各种服务机构和设施。城市旅游与其他类型旅游相比有自身的特点，概而言之体现在以下三个方面。

（一）城市旅游的资源集中

城市的旅游资源丰富而集中，一般以文化旅游为主。由于城市在人们的社会、政治、经济、文化生活中的地位重要，城市及其邻近地区往往形成了数量众多、内容丰富多彩的历史文化遗迹、文学艺术、特种工艺、风物民情、美味佳肴、市容市貌等，都可供人们参观、游览、访问、考察或学习。现代社会发展和经济建设成就，体现着现代文化和科技文明的水平，也属于人文旅游资源

[①] 吴国清，等. 城市更新与旅游变迁 [M]. 上海：上海人民出版社，2018：23.

的范畴，所以文化旅游成为城市旅游的主要特征之一。

（二）城市旅游的活动内容丰富

这是由城市的综合性功能决定的。现代城市中完备的基础设施、齐全的服务项目，能极大地满足旅游者的各种需求，使他们在城市旅游过程中开展多种旅游活动，如游览、食宿、购物、娱乐、健身以及业务洽谈、商务考察、学术交流、公务会议等。较之其他旅游目的地，城市旅游者的构成也更为复杂广泛，旅游淡旺季差距也较小。

（三）对旅游者具有较大的包容性

一般而言，城市由于其开放性，当地居民不论是知识水平还是文化修养都相对较高，对于外来旅游者和外来文化有较大包容性。

在现代旅游业和旅游活动中，城市的旅游功能主要表现为：城市是旅游者活动的集中地与中心；城市是旅游基础设施的供应基地；城市是旅游交通的枢纽，旅游的集散地、目的地和客源地。因而城市旅游产业也就是旅游业的主体。

三、城市旅游品牌的塑造

旅游品牌指凭借一定的时空范围条件，旅游经营者在自身差异性的产品与服务的组合基础上确立其独特的形象名称、标记或符号，或如景观、美食、民族等具有独特性而形成的品牌，体现了旅游产品的特色及旅游消费者对其的认可度和好感。

旅游品牌的培育与发展路径包括不断挖掘和扩展旅游品牌内涵，制定品牌发展规划及形象推广策略，实施旅游品牌计划，加大品牌建设力度，打造由城市旅游品牌、旅游企业品牌、旅游产品品牌等共同组成的多层次的旅游品牌体系。即以品牌为引领，通过城市旅游品牌创建推动旅游要素整合和配套旅游服务完善，加快构建以旅游产品、旅游活动、旅游服务、旅游企业等为载体的旅游大品牌体系。

重点是以企业为主体、以产品和服务为基础，积极培育一批具有较强影响力的品牌旅游景区、品牌旅游饭店、品牌旅行社和品牌旅游产品等，提升旅游品牌的价值内涵、文化内涵、科技内涵，不断推出契合旅游者需求的新产品、新线路，彰显城市旅游个性特色。城市旅游品牌的塑造不仅要考虑有形产品品牌塑造，如城市的名称、标志、旅游资源、旅游设施等，更应该考虑城市旅游无形产品——城市旅游服务品牌的塑造。

(一) 城市旅游服务品牌化

由于品牌在实现服务的差别化优势方面的作用更为显著，未来服务营销的关键在于使"无形的因素有形化"，而增加服务有形性的方式之一便是品牌。旅游服务品牌是获取差异化竞争优势的根本。事实上，服务品牌是一种服务质量信号，优质品牌背后是更人性化的服务。好的品牌能够提供好的旅游服务，增强游憩者的心理归属感，即使发生服务质量问题，也会及时通过各种有效途径进行服务补救措施，挽救其品牌形象，进而提高游憩者的品牌忠诚度。旅游服务所具有的生产性和消费性同步的特性，使得旅游服务品牌化更侧重于服务的过程和过程中游憩者体验感知的服务质量。

城市旅游服务品牌的塑造首先从寻求顾客价值需求开始，但并不是寻求所有顾客价值需求，而只需要寻求目标顾客的价值需求，并满足其需求。这样既有利于节约成本，也有利于城市积聚力量创造优势，显示竞争力。满足目标顾客价值需求决定了城市旅游产品和服务的整体定位和设计。顾客价值包括游客感知利得和感知利失，满足城市旅游顾客价值需求应在保证顾客满意和建立顾客忠诚的基础上，增加其感知利得或减少其感知利失来实现。

在确定目标顾客价值需求后，则需要对城市旅游服务产品进行设计，对服务品牌进行定位。服务品牌的定位可以通过旅游接待礼仪、旅游服务方式、旅游企业服务标准、旅游业务技能、旅游服务氛围等维度进行确立。服务产品的承诺决定着顾客对于该服务产品价值的认可与接受程度，也是顾客对该服务质量评价的一项重要内容。沟通则是城市旅游管理者把服务产品质量的承诺传递给目标顾客。由于城市旅游服务的无形性以及生产和消费的同时性，顾客在未了解该城市旅游服务的情况前，很难对其服务质量予以判断，因此，服务品牌承诺就成为顾客服务质量评价的一项重要依据，服务品牌承诺在一定程度上决定着服务品牌的感知质量。城市管理者应根据服务品牌及其个性的功能和情感价值相结合的方式，对服务品牌的承诺做出详细说明。

城市旅游通过对服务的视觉效果、品牌承诺和顾客期望信息的沟通，一方面使顾客了解服务产品的价值所在，另一方面也使城市旅游服务企业相关一线员工、本地居民更好地理解他们作为品牌建设者的角色。服务培训是服务质量保证的关键。服务培训能够向旅游服务品牌建设人员解释并强化以顾客价值为导向的旅游服务品牌，增强旅游服务品牌在他们心目中的认同感，实现旅游服务品牌内部化，有助于他们向旅游者传递和宣传本城市旅游服务品牌，从而提升城市旅游服务品牌形象。城市管理者在开展服务、进行价值传递的过程中，一定要把价值传递与自身的品牌定位有机地结合起来，保持价值和品牌的一致性，提高顾客的感知质量。同时，游客可根据服务传递过程，测试服务承诺是否与价值传递一致。服务承诺与价值传递一致性越高，其品牌形象就会越好，顾客就会对品牌产生强烈的归属感，提高其忠诚度，维系良好的消费关系。

城市旅游服务的特殊性决定了其可模仿性较强，服务产品周期较短，服务产品竞争较激烈；决定了旅游服务应该不断创新来满足不同旅游者的各种适当需求。城市旅游服务应以顾客价值为导向，优化改善旅游服务结构和流程，不断完善城市旅游服务组织机构，加大城市旅游服务创新力的开发，从而保持现有的旅游者和吸引更多潜在的旅游者，增强旅游服务的旅游服务品牌竞争优势，提高其动态的竞争力，巩固强势的城市旅游服务品牌。

（二）促进企业形成"集群品牌"

在培育一批具有较强影响力的城市旅游企业品牌的同时，促进区域内企业（包括旅游景点、旅游企业）形成"集群品牌"，利用巨大的品牌价值和可观的整体市场规模，吸引更多供应商和销售商加盟，可以进一步增强集聚区内企业的比较竞争优势。集群品牌是众多商业企业品牌精华的浓缩和提炼，具有更广泛、持续的品牌绩效，也是吸引旅游者和本地居民消费的重要市场驱动力。[①]

从企业和品牌不可分割的关系看，集群既是企业的集聚，也是品牌的集聚，产业集聚的过程也是品牌集聚的过程。大批同类或相关服务品牌集聚使集群所在区域具有"区域品牌"效应，提升了区域形象，扩大了区域影响力。

实施品牌战略，加强品牌经营，提升集聚区旅游品牌的识别度和忠诚度，可采取如下举措。

1. 打造典型的旅游服务品牌形象

树立鲜明的旅游服务品牌形象，强调品牌沟通，让无形服务有形化。服务品牌是对企业文化内涵、经营理念等的诠释和展示，应尽可能通过采用有形的实体（如游憩环境的营造）、服务象征性标志、员工形象、服务流程系统等来展示无形的服务。例如，增加游憩空间的界线感，通过解说标志标牌和引导的个性化打造方式，使得"无界"变得"有界"，即通过打造有区分度的服务环境增加旅游服务品牌辨识度，增强游客的品牌认知并提高信任感。

2. 全面注重游憩者的心理需求

随着游客消费心理日趋成熟，品牌观念已悄然走进游憩活动，逐步形成理性消费、认牌消费的倾向。服务体验能够让游客在旅游服务消费过程中产生与行为、思想和情感相关的品牌联想和品牌意义认知，从而加强游客对旅游服务

---

① 焦剑. 浅析城市旅游品牌建设——以重庆为例 [J]. 度假旅游，2019（2）：62-63.

品牌形象的感知。

旅游品牌的打造者应当与游客建立良好的沟通渠道，借助互联网等渠道，游览前为游憩者提供全方位的信息推送，游程中借助移动智能终端设备提供各种线上服务，游览结束后注重对游客满意度等反馈信息的收集，并根据意见建议定期对服务质量进行改进，以增强游憩体验，给游客提供美好的消费体验。而当游客对某一品牌产生信赖感和归属感后，在未来会持续购买该品牌的产品或服务。

3. 重视工作人员对旅游品牌塑造的作用

重视工作人员在建立和管理服务品牌方面的重要作用，通过提升工作人员对品牌的认同感来完成品牌的内化（将品牌管理融入组织内部运营过程之中），旅游服务是一个工作人员与游客的互动过程，游客、工作人员都会影响到旅游服务的过程和结果。

品牌是企业经营理念和价值观的集中体现，成功的旅游品牌不仅要进行外部游客沟通，而且要建立游客导向的旅游服务文化和品牌价值观，进行有效的工作人员内部沟通和管理。工作人员的态度和行为直接影响旅游服务过程中的游客体验，即工作人员对品牌理念的理解会外化成具体的服务提供行为。当工作人员认同品牌价值观并且受到品牌价值观的激励，恪守品牌承诺并以之为行为准则的工作人员往往能够提供更优质的服务，保证游客与工作人员之间友好互动，在增加游客对旅游品牌信任的同时，更让游客充分享受服务的情感价值，获得更好的体验感。

加大公共财政对旅游品牌建设的支持力度，鼓励旅游企业进行品牌经营，发挥优势旅游企业、高等院校和研究机构创新要素集聚优势，加快建立以旅游企业为主体、市场为导向、产学研相结合的旅游品牌创新体系；并以品牌为纽带，深化与中外知名旅游品牌企业的合作，支持旅游企业开展品牌输出经营，推动实施旅游品牌"走出去"战略，将旅游品牌价值渗透到旅游产业链各个环节，纵向整合，横向拓展，参与国内、国际竞争，形成旅游集群品牌优势，实现旅游品牌经营和品牌资产的有效扩张。综合来说，旅游产业集聚区作为一个整体，统一对外促销、规范品质标准、认同专项技术、推广共同商标、共享品牌信誉，并随着集群纵深发展及横向扩大，体现集聚区属性的旅游产品、服务和形象的差异化程度日益明显，逐渐与集聚区的名称等同起来，最终形成一个整体性的旅游集群品牌。

第二节 城市旅游资源开发

一、城市旅游资源特征

(一) 空间分布上的集中性

城市旅游一般是相对于乡村旅游、自然旅游而言的,与户外原野、自然山水的分散性相比,城市旅游资源在空间分布上更多地表现出集中性。这种集中性主要体现在两个方面。

其一是城市旅游以城市特有的旅游资源为主要吸引物,因而,旅游者的活动范围基本限制在市区之内。即使城市居民选择市郊景观和城市周边休闲娱乐场所作为目的地,也基本上是以市区为同心圆的小尺度空间。总体上,旅游者的吃、住、行、游、购、娱等旅游活动是在市区范围内完成的。

其二是在市区地域范围内,由于城市功能分区的安排,旅游资源多集聚分布在特定区域,如中央商务区(RBD)、主题街区、历史文化风貌区、主题乐园、创意园区、特色工业园区、滨水区域等。

(二) 时间序列上的后发性

相对于漫长的城市史而言,城市旅游的时间是非常短暂的;在千姿百态的旅游形式中,城市旅游也仅是一个后来者。从世界范围看,城市旅游的萌芽在19世纪中期,但城市旅游以比较成熟的面貌出现应该是在19世纪后半期,如今巴黎、罗马、纽约、东京、悉尼及国内的北京、上海、杭州、深圳等城市已经成为最主要的旅游目的地。

城市中的人文古迹、商务设施、休闲游乐设施、产业园区等被作为旅游资源开发利用也是被逐渐认识到的,目前城市旅游资源的外延仍然在不断扩展。旅游功能已经发展成为一些城市的主要功能,城市旅游资源作为城市旅游的客体要素越来越受到人们广泛的关注。

(三) 内容类型上的复合性

旅游资源具有广域性和多样性的基本特征,城市旅游资源与一般旅游资源相比还有其特殊性。作为特定的旅游地,城市旅游资源的复合性表现在以下几点。

1. 整体性

城市的旅游吸引，并非城市的几个旅游点，而是城市整体。城市具有吸引力的整体性表现为城市旅游景观的多样性和景观吸引的综合性。这是因为城市对旅游者的吸引不同于风景区以某一方面的资源优势为主要吸引物要素，而是以整个城市的综合吸引为特征。当城市作为一种吸引物时，旅游者将把整个城市当作一个游览景区，城市也始终作为整体的旅游吸引物而发挥自己的旅游功能。

2. 多元性

现代城市是高度复杂的综合性有机体，在政治、经济、科技、文化、教育等多方面呈放射状发展。博大精深、内涵丰富的城市，在旅游功能上表现出多元化的特点。

城市便捷的交通，完备的住宿条件，异彩纷呈的风味食品，多功能的商务会展设施，以体育馆、博物馆、音乐厅等为代表的文化载体和文化景观，由道路、绿地、广场、水体、花木、喷泉、雕塑组合而成的城市审美空间，以大型购物中心、特色购物步行街、中心商务地段、旧城历史文化改造区、新城文化旅游区等为代表的新型城市中央游憩区（Recreational Business District，RBD），正在全面地改变着城市的面貌。除了传统的观光旅游之外，城市还可满足多种旅游需求，提供包括商务、购物、会议、度假、休闲、美食、生态等旅游功能。

（四）资源内涵上的人文性

优秀的旅游城市往往以某大类旅游资源类型见长，如中国城市中，有的以山水等自然风光见长（如杭州、桂林等），有的以古代文明遗迹闻名（如北京、西安等），有的以现代工商业著称（如上海、广州等）。但作为人类文明重要载体的城市，其人为加工、刻意营造的痕迹更为突出。

从某种意义上可以说，城市旅游就是一种人文化的旅游吸引。无论是古代的都城营造，还是现代的城市改造、拓展，其人工参与的规模、强度都是其他建设项目难以比拟的。不过，自古以来，人类在城市营造方面都比较重视社会与自然的和谐，尤其到了后工业化时代，更加注重城市功能的多方面协调，以便从更广的层面满足人类的需求。但综合来看，城市是人类的最高级聚落形式，城市旅游资源不可避免会充满人类智慧和人文精神。

（五）游憩功能上的参与性

城市旅游景观的多样性和整体性，以及旅游城市本身的开放性特点，决定了城市旅游活动更多是以一种参与的形式表现出来。从某种意义上说，旅游者的这种参与性的特点，决定了城市旅游提供给游客更多的体验。作为旅游吸引物的城市，由于景观的集中、资源的多样、功能的齐全，往往能够让游客停留较长的时间，这就突破了一般大尺度观光旅游那种疲于奔命、走马观花、完全听命于导游解说的死板、单一的旅游模式，而能凭借住在城市的便利条件，充分地亲近、体验和感悟城市的魅力。城市旅游的许多活动，如购物、商贸、会展、市区观光等旅游活动，都必须依赖旅游者的参与才能保证城市旅游功能的最终实现。

二、城市旅游资源的开发策略

城市蕴藏的旅游资源，在当代是一份极其珍贵的经济资源。在自然经济时代，由于生产力水平低下，人们的消费需求还局限在吃、穿、住等追求温饱的阶段，对旅游资源的开发，主观上还缺乏迫切的要求，客观上也不具备人力、资金、技术等方面的条件。城市旅游资源的合理开发利用，既受到思想认识的影响，又受到生产力发展水平的制约。

（一）确立正确的指导思想

旅游业在当代是一项极有发展前途的产业。它将继石油工业、汽车工业之后，成为 21 世纪的第一大产业。我国发展旅游业，首先，要认清下个世纪世界产业结构变动的大趋势，提高认识，抓住机遇，加速发展。

但是，我国在旅游业发展中，对如何促进旅游与经济的协调发展，保护生态环境，存在着一些盲目性。有的城市旅游资源丰富、品位又高，很有发展前途，但不敢以旅游业为龙头，总认为它不是物质生产部门，不能创造物质财富，这样不能发挥本地的旅游资源优势来带动城市经济的发展。有的城市有某些重要的旅游景观，但分布比较分散或交通条件差，目前还不具备大规模开发条件，却又在那里大兴土木，费巨资去开发。这两种情况都脱离了当地经济发展的实际情况。该大力发展的不敢大力开发，不应大力发展的却在那里大力开发。这样不仅没有合理使用国家资金，更重要的是没有把发展旅游业与发展经济协调起来，提高社会经济效益。

在旅游资源的开发上，还有一种思想也值得注意。这就是仅仅把旅游业看成是经济事业，而忽视了它同时又是一项文化事业。旅游业体现了一个国家、一个地区的文明程度和风尚。由此，在发展城市旅游业时，城市首先要树立一个正确的指导思想，既要从产业的高度，使旅游与城市经济协调发展；又要从提高民族素质的高度，注意保护、弘扬、丰富和发展民族的优秀文化遗产和传统。这样，发展旅游才会具有旺盛的生命力。

（二）城市旅游规划要与城市总体规划衔接

旅游资源开发要科学规划，规划是龙头，城市建设全局需要总体规划、统筹安排，城市现代化建设中开发旅游资源同样需要科学规划、整体配置。若各自为政，则会出现盲目开发、破坏性开发、重复建设（如竞相建造"西游记城"）等状况——轻者，旅游资源开发不能取优势互补之利；重者，破坏了城市整体形象，影响对外促销。

旅游资源开发要坚持统一规划。例如，苏州市旅游规划，以国务院批准的苏州城市总体规划和太湖风景名胜区规划为依据，做到"一个服从、三个统一"。即城市规划和城市旅游规划、各市（县）、区的旅游规划和部门的专业规划，都必须服从国务院批准的苏州城市总体规划和太湖风景名胜区规划；城市的旅游规划与部、省的专题规划相统一；各市（县）、区的旅游规划与全市的旅游规划相统一；各部门的专业规划与全市的旅游规划相统一。

同时，要进行重点规划的编制只有各系统、各部门、各行政级别"上下左右"通过科学规划协调，合力开发旅游资源，才能各负其责、各得其所，充分发挥自身优势，加速旅游业发展。

（三）注重旅游与经济、旅游专项开发与综合开发相结合

深度开发，把旅游与经贸结合起来，把专项开发与综合开发结合起来。在市场经济条件下，旅游的合理开发利用，不仅仅体现在自身的良性循环上，还要发挥旅游的功能，促进城市经济的发展。这在实际工作中，形成了"旅游搭台，经贸唱戏"的开发模式。在这方面，目前一些城市创造了许多好经验，面向世界，突出特色，起点高、效益好。例如，湖南省近几年形成的"三节一会"，即岳阳市的国际龙舟节、张家界市的国际森林节、常德市桃花源的国际桃花节、衡阳市南岳的传统庙会。又如，山东潍坊的国际风筝会、国际孔子文化节等。这些旅游开发模式影响都很大，在引进外资，发展外贸方面，做出了巨大的贡献，促进了城市的对外开放。

目前，这种从城市旅游资源出发的深度开发，在旅游项目的设计开发方面，也有了新的发展。专项开发与综合开发结合起来，并向弘扬民族文化的深层面发展，吸引了国内外广大游客。城市和景区推出了科学考察旅游、探险旅游、

漂流旅游、古文化旅游、修学旅游、书法旅游、烹饪旅游、中医康复旅游、农村生态旅游等。这体现了旅游向更高的精神文化消费层次发展的趋势。例如，湖南省张家界市近几年着力于这种转型，目前该市已从原来单纯游览山川风光为旅游项目的自然风景区，发展成为现在集观光、探险、科研、疗养、民族风情、民俗习惯为主的综合性旅游区。这种杂交式的综合开发，更有利于发挥旅游的深层次功能，促进人的内在素质不断提高，值得提倡。

（四）注重保护与利用历史文化资源

城市是立体的图画，流动的风景线城市建筑是"凝固的音乐"，它承载、凝固的不仅是建筑艺术，而且是不同时代的社会文化、历史文化、民族文化、地域文化、政治文化。建筑物既是物质产品，也是文化产品，是物质文明和精神文明的载体和结晶。大众的流行文化和心理，鲜明地积淀在城市建筑上。欧洲人把他们的古城、古建筑都视为珍宝，文艺复兴时期那些大师的作品，也多体现在一座座建筑的设计、墙雕和绘画上。不同历史时期、不同性质的城市名胜古迹、建筑景观都不一样。

例如，江苏省历史文化名城众多，名胜古迹较多的扬州就是著名的历史文化名城，城中有瘦西湖、大明寺、平山堂、何园、个园等建筑。国家对保护历史文化名城十分重视，公布了历史文化名城名单，在旅游资源开发时要注重保护。又如，苏州城自古就有"假山假水城中园，真山真水园中城"的美名，苏州古城的平江保护区基本保持了南宋以来街、河平行的格局，区内名门宅第、厅堂楼阁、砖雕门楼、花园小筑保存完好，古城韵味浓郁。

名胜古迹、古建筑、历史文化名城是旅游资源的重要组成部分，不可多得。保护名胜古迹、建筑景观就是保护人类历史文化。

力求避免城市建设的成果对旅游资源的破坏，或是旅游资源的开发损害了城市形象，影响城市旅游竞争力的提高。所以，必须促进二者优势互补、互动、互进，而处理城市现代化建设与旅游资源开发关系的关键，是要科学制订和实施规划。

第三节 城市旅游产业的发展方向

一、发展国际化城市旅游

纽约、伦敦、巴黎、东京,这四大都市的共同特征是,不仅都是国际金融中心、决策控制中心、信息发布中心、高端人才聚集中心,而且还都是举世闻名的国际旅游之都。旅游产业在这些城市有着举足轻重的作用,这可以从以下几个方面得到佐证。

(一) 旅游产业是城市国际化水平的重要标志

通常国际大都市,都是交通便捷、对外交往频繁、国际交往能力超强的国际组织和国际会议的聚集地。这就有利于促进商品资本、信息技术和人才的流动,提高城市的知名度和世界范围内的影响力。由于这些方面的优势,国际大都市每年都有上千万的国际游客前往观光旅行。

(二) 突出的"点"和广阔的"面"的并重

世界旅游城市在一定的区域范围内是增长极,是突出的,但是一座没有广阔纵深的旅游城市是不可能真正成为世界一流旅游城市的。要想成为世界一流旅游城市一定要发挥城市的枢纽、通道作用,加强与周边城市之间的联动、联合。

(三) 鲜明形象与多元内涵的结合

一座世界一流旅游城市一定要在市场上塑造鲜明的形象,让人一听到这座城市的名称,就能在脑海中形成特定的城市印象。但很多潜在的世界级城市往往是综合性大都市,其世界级城市的内涵显然应该是多元的,这样才能在主体意象之下,吸引各个层次、怀有不同旅游预期的人们前来旅行。

(四) 丰富遗产与开放心态的兼顾

拥有丰富的遗产有助于提升城市旅游吸引力,是世界级旅游城市的重要因素,但其更重要的是有开放的、包容的心态,并以这种开放的心态来吸引更多流动的文化、生长着的文化,从而形成新的文化遗产的实现和展示机制,这对于世界级旅游城市才是一种持久的生命力。

（五）城市扩张和广场焦虑的平衡

世界级城市并不意味着一定要修建无比宽阔的马路和无比雄伟的广场。宽阔的马路虽然可能有助于改善交通状况，促进交通顺畅，但同时也会阻碍旅行者"徜徉"其中；广场太宽则容易没有活力，没有可亲感，形成精神病专家所说的"广场焦虑"，这是应该避免的。

（六）相同市界和不同空间的协调

城市无论大小，都有市界，但是却有不同的纵深空间，因此在所谓的外国入境过夜人次的概念表现上会有不同。比如，伦敦之于英国，因为英国国土面积相对小，所以大量的游客可能是国际游客；北京之于中国，因为中国的国土面积相对大，所以大量的游客可能是国内游客，但是这些游客到北京的旅行距离未必比那些英国周边国家游客到伦敦的旅行距离短。也就是说，如何在两个国土面积、人口总量完全不同的体系中确认世界级旅游城市的标准，如何处理国际入境游客在世界级旅游城市确认中的地位和权重，还需要深入地、实事求是地思考。

二、发展智慧化城市旅游

智慧化城市旅游是以云计算为基础和以移动终端应用为核心，通过运用感知互动等高性能信息服务、智能数据挖掘技术，提升旅游体验和带动旅游产业发展，一种城市旅游发展的新型模式。建设智慧旅游城市的主要目标，是打造城市服务于公众、企业等社会大众，着眼于长远发展的全新旅游形态。

中国在智慧化城市旅游方面已经做出了一定尝试。例如，福建省旅游局在第六届海峡旅游博览会正式确立建设智慧旅游城市，并且启动"三个一"（一网一卡一线）工程，逐步促进福建旅游业智能化的转型升级。自此，智慧旅游城市的建设理念逐步在全国各省市通过旅游工程建设予以体现。[1]

通过利用现代信息化技术，对旅游活动中的游、购、娱、吃、住、行六大要素进行旅游资源的整合，通过科学的计算和分析，发挥物联网的优势进行智能化处理，以期为城市旅游者提供智能化的、良好的旅游体验。智慧化城市旅游的发展更能够为旅游管理工作和社会公共服务开展提供智能的决策依据和方

---

[1] 莫雯静. 浅谈基于旅游体验的智慧旅游城市建设体系构建[J]. 智能城市，2019，5（2）：13-14.

法，通过构建信息资源共享的数据平台，让城市旅游更加便捷。

具体来说，智慧化城市旅游可以从以下几方面着手发展。

（一）制定统一的智慧化城市旅游数据标准

为了有效解决因缺乏统一的智慧化城市旅游数据标准带来的数据共享及相关部门间协同困难等问题，智慧旅游相关部门应制定标准统一、数据规范、持续更新的智慧化旅游城市数据库，制定统一的智慧旅游标准。

第一，要以旅游需求者为中心。调查旅游需求者在旅游前、旅游时、旅游后的需要，并统一数据，制定相应标准。

第二，建立完善的智慧旅游保障系统。保证相关旅游企业、旅游部门和旅游景区之间协调互动，形成友好合作发展的氛围。

第三，政府等相关部门的工作人员，应该积极为智慧旅游建设工作吸引更多的社会资金，制定完善的激励政策，促使社会上的企业能够积极参加到智慧旅游建设项目中，调动社会一切资源，形成多元化投资体制。

第四，对于地区下开展的一系列比较核心的智慧旅游项目，企业也应统一建设要求，加大人才培养力度，做好整体的统筹以及监管工作。

在智慧旅游项目建设过程中，最基础也是最核心的就是基础设施建设。基础设施作为智慧旅游项目的物质基础，与智慧旅游项目能否保持稳定发展态势具有不可分割的联系。对此，相关部门应该加强智慧旅游基础设施建设，紧跟时代发展步伐，综合应用互联网等现代化的技术手段，构建不同类型的基础设施，形成一个庞大的智能化基础设施系统，为信息传递和共享提供物质保障。

（二）建立规范的智慧化城市旅游运营管理体系

智慧化城市旅游的建设可以有效地促进旅游经营管理科学化，但我国智慧化城市旅游平台的建设以及平台管理水平还有待提高。一方面，在智慧旅游建设的过程中，相关的旅游部门并没有结合信息化技术，不能对较多的旅游数据进行相关的处理；另一方面，没有对相关平台进行合理的管理，导致游客在获取旅游信息的时候需要借助很多平台，而且必须关注很多公众号以及下载很多旅游 APP，这使游客的旅游体验感大打折扣，产生负面影响。同时，智慧旅游平台操作过于复杂，这都给平台的建设发展带来了一定的阻碍。

因此，相关部门需要完善平台建设，首先，也是最重要的一点，为了全面获得游客的资源数据，需要将信息技术融合到平台建设中；其次，要完善平台管理机制，同一地区只需要建设一个强大且基础功能丰富的智慧旅游平台；最后，应该致力于平台软件的研发，简化操作系统，为游客获取旅游信息带来更便捷的服务。对各个方面的问题进行归纳分析，建立健全智慧旅游平台的建设以及管理系统。①

(三) 完善智慧化城市旅游的基础设施建设

智慧化城市旅游依赖于智慧城市提供的环境，这意味着智慧化城市旅游建设的优化离不开与其相关的设施建设的优化，其中，智慧旅游的基础设施包括交通、安全卫生等相关建设。要想推进智慧旅游发展，就要做好相关旅游配套服务工作。例如，交通问题，有些地区在旅游淡季，交通不会出现较大的问题；但是在旅游旺季，城市或者景区交通就会非常拥堵，有的旅游者找不到停车场，有的不能及时运用交通工具去自己选择的旅游景点。旅游部门应加强相关设施建设，增大城市停车场和交通工具的承载量，以解决旅游旺季人流拥堵问题。此外，除了做好交通基础设施建设工作外，还可以推出与交通相关的智慧交通系统，促进智慧旅游建设。

值得注意的一点是，智慧旅游离不开信息技术的发展。因此，在智慧旅游设计范围内，要做好无线网络设施建设工作，这是智慧旅游及时获取、分析整合信息、发送信息和传播信息的重要保证。

(四) 培养满足智慧化城市及旅游行业发展的人才

高素质的智慧化及旅游行业发展人才是智慧化城市旅游建设的关键。

首先，相关旅游部门应加大人才引进力度，做好人才引进的政策支持工作，利用优质的政策福利吸引来自不同地区的高素质人才。

其次，保证智慧旅游建设可以引进高素质的智慧旅游复合型人才，即既精通信息技术又掌握旅游专业知识的人才。同时，旅游企业可以与不同的高校长期合作，构建产学研一体化的人才培养新体系。②

再次，相关旅游部门应做好现今在岗人员的培训工作，可以邀请专门的信息技术人员对在岗人员进行培训，提升他们的信息技术使用能力。

最后，应及时检测在岗人员旅游专业知识的掌握程度，以督促他们不断学习和进步。除了政府和相关旅游企业可以有所作为外，旅游行业从业者也要认识到现今的社会是学习型社会，要注重自我学习和提升，增强自身对智慧旅游的认识和智慧旅游运用能力。

---

① 赵英子，刘璐璐. 智慧旅游景区建设策略思考 [J]. 绿色科技，2020 (17)：203-205.
② 谢佩清. 智慧城市背景下的智慧旅游建设策略研究 [J]. 旅游纵览，2020 (8)：109-111.

三、发展生态化城市旅游

城市的生态建设是历史发展的必然结果。城市生态建设是经济、社会和环境融合的系统结构。城市生态建设指的是利用生态学和设计学等理念，利用现代科学技术，恢复因人类经济活动和社会活动遭到破坏的生态环境，从而将生态系统的自然规律与人工干预行为相结合，将生态环境质量作为纲领性原则和经济社会发展的前提，最终实现经济、环境和社会效益的统一：经济产业结构转向高附加值、低消耗和低排放的规模化循环经济模式；自然环境质量要落实到污染物的减排、大气和水环境的改善、森林覆盖率的提高、林木蓄积量的宜居和宜生产等层面；社会治理机制要落实到健康文明生活方式的构建、相关政府机构的综合性考评和社会资源要素的配置效率等层面。[①]

在城市生态建设的大背景下，将旅游产业融入城市生态建设的战略发展大局是旅游产业优化的必然选择，只有这样才能顺应社会经济发展的新标准和生态环境变化的新趋势。生态旅游将当地人的生活、自然环境和经济秩序作为一套系统的生态结构进行保护，尤其注重保护极具观赏价值的自然景物。它要求在合理的管理模式下，通过功能分区、监控、教育等形式，推动旅游资源的合理利用和保护；它要求在合理的分配机制下增加财政收入，改善基础设施；它要求利用旅游体验引导参与者增强环保意识和确立生态价值观。

具体来说，建设生态化城市旅游，可以从以下几方面着手。

(一) 城市生态旅游开发中利益相关者的平衡

城市生态旅游发展的相关利益主体主要有当地政府、旅游开发商、游客、当地社区居民等。

政府主管部门应把握旅游宏观发展方向，以生态环境保护为原则，以保护生态资源为出发点，对旅游项目的审批严格把关，杜绝旅游项目建设的盲目性和随意性。

实时监管旅游开发商及经营商的开发和经营行为，提高和加强旅游开发商的生态环境保护意识，制定宽松的投资政策。让当地社区居民参与生态旅游的规划、开发、管理，并让其从中获益，从而兼顾地方政府、开发商、游客和居

---

① 李国谨. 城市旅游与城市生态建设研究 [J]. 漫旅, 2022, 9 (23): 131-132, 135.

民的不同利益要求。

(二) 完善生态化城市旅游的基础设施

1. 城市交通

建设完善的生态旅游城市基础设施，可以将循环经济理论作为基础和依据。生态旅游城市必须打造高速的交通运转体系，以现代化思想为指导，形成城市环形高速通道，解决城市交通拥堵问题，全面提高城市周转效率，为游客出行和市民居住提供便利。

建设生态旅游城市基础设施，要符合循环经济理论以及现代城市建设的多方面指标，做到让市民安全出行、快速出行、舒适出行，提高城市交通运输容量和运输速度。在建设城市交通环境的过程中，必须加强物流网络建设，让城市信息传递系统能够快速铺展开来，保证物资供应正常。除此之外，还要兼顾对废水系统的处理，方便循环用水和污水处理工作，同时避免固体废弃物对城市环境造成污染。

2. 城市水环网

加强城市水环网建设，在循环经济理论的指导下，城市生态系统是否运行良好是衡量生态旅游城市建设效果的重要指标。不管是旅游生态城市还是普通城市，水资源质量都是城市建设发展的关键，因此，城市生态系统要打造好基础性资源，尤其要重视解决水环境污染问题。

水资源一旦遭到破坏，生态系统就会面临严重问题和巨大挑战，因此解决水污染问题是生态旅游城市建设的必然举措。在应对水资源相关问题的过程中，可以将循环经济理论作为指导，改变传统城市建设观念，利用新思想、核心观点规划城市水资源布局，创新手段，促进水资源合理使用，减轻环境污染，让水资源进入良性循环。[①]

因此，在建设生态旅游城市的过程中，应以循环经济理论为指导，推动城市水环网和其他基础设施建设实现良性循环，考察城市地下水、土壤水、地表水，了解城市生态系统的具体情况，同时还要进行周密严谨的布置和规划，特别是要重视对污水的处理和回收利用，形成产业化和生态化的排污体系。

同时，要降低水泥化程度，将生态旅游城市基础设施建设的目标与城市规划任务相结合，减少地下水来源的破坏和隔断现象，努力加强城市绿地建设，增强土地的蓄水保养能力，形成水资源保护网络。

---

① 符经纬．我国生态旅游城市建设路径探讨 [J]．漫旅，2021，8 (16)：25-28.

(三) 制定完善的生态旅游城市建设规划

在制定城市建设规划的过程中要坚持以下几个方面的原则。

第一，旅游城市建设的规模要适应自然环境的承载量，不能超过自然环境的负荷。

第二，要保持生态化和自然化，尤其是在旅游景观和景点的建设中要突出自然的形态，增加生态旅游城市的特色和旅游看点。

第三，在建设生态旅游城市的过程中要把绿色环保作为主题，增加城市绿地和空地的面积，打造宽松、舒适、幽静的游览场所，形成和谐共生的人居环境和旅游环境。

第四，城市建筑要体现出风格和特色，努力追求旅游景点风格多样化，体现民族特色，彰显时代风貌，让城市景观建筑具有更大的观赏价值。

第五，建设生态旅游城市要注重挖掘文化内涵，体现文化品位，尤其要根据各地的历史积淀和文化名人加强宣传，利用现有条件打造农家乐样板或者自然村镇。[1]

第四节　我国城市旅游产业竞争力提升战略

一、城市旅游竞争力的概念

20世纪80年代，哈佛商学院迈克尔·波特（M. E. Porter）提出竞争力理论以后，有关旅游竞争力的研究也成为广大学者研究的重点内容。20世纪90年代，在我国旅游业迅速发展且竞争日趋激烈、国内外学术界交流日益频繁的背景下，我国学者开始对旅游竞争力进行研究。

城市旅游竞争力是城市依托自身优势与特色，结合政府的管理政策、旅游区的经营策略、人才和资金的投入等，对城市旅游资源的开发利用随社会发展而不断创新的能力。[2]当前，中国各个城市间旅游竞争日益激烈，对一个城市的旅游竞争力进行系统评估也显得愈发重要。

---

[1] 吴琳萍，景秀艳. 生态旅游城市评价方法及建设路径：以福州市为例 [J]. 山东农业工程学院学报，2018，35（9）：54-59.

[2] 方金生，等. 池州市旅游竞争力评价与提升策略 [J]. 绿色科技，2022，24（17）：201-207.

二、我国城市旅游产业竞争力提升的制约因素

(一) 没有实现对文化内涵的挖掘与整合

部分地区在推广旅游产业和相关文化时,对文化内涵挖掘力度不够,没有实现资源整合;在对当地文化资源进行推广时,仅较为浅显地对文化产业进行包装,并没有深度对旅游文化进行剖析和挖掘,忽略了当地文化产业的内涵,没有体现当地文化底蕴,导致在发展旅游产业时出现同质化现象。

同时,部分地区在发展旅游产业过程中,忽略了文化产业的重要性,不能使游客真正感受到当地的文化特色,在对文化现遗址遗迹进行修复时较为盲目,导致历史遗址充满现代元素,与当地历史文化相背离,降低了旅游产业的竞争力。

(二) 在发展过程中忽略可持续性

旅游产业在地方经济发展中占有重要地位,尤其是针对以旅游业为主的地区,对旅游产业的发展更加重视。当地政府为了能够快速收拢旅游产业投资成本,在发展过程中,忽略了长远发展的重要性,在发展过程中忽略可持续性,导致旅游产业在长期发展过程中缺乏核心竞争力,不利于当地旅游产业持续化发展。其中,主要表现为对旅游产业规划混乱,对历史文化资源没有合理的开发和利用,缺乏历史文化保护意识,导致旅游产业出现同质化现象,不利于长久发展。

(三) 产业链不完善,综合效益低

在发展城市旅游产业过程中,由于产业链不完善,导致综合效益较低。在发展旅游产业过程中,旅游交通、旅游文化、文化特产、休闲娱乐以及饮食住宿等没有形成完整的产业链,旅游产业还处于开发的初级阶段,导致综合效益较低。例如,在打造旅游产业过程中对文化产品挖掘力度低,没有围绕当地的旅游特色打造完整的旅游路线,没有形成完整的旅游产业链,导致旅游文化没有较为突出的特色,从而导致综合效益低下。

(四) 城市旅游产品缺乏创新和地域特色

虽然我国地大物博,拥有丰富的旅游产业,旅游资源种类繁多,但是在实际打造旅游产业,对当地旅游文化进行开发时,由于产品创新性较为薄弱,缺

乏地域特色，我国旅游产业在相互融合方面缺乏竞争力。这主要表现为各地的旅游文化较为类似，同质化较为严重，无法满足游客对市场多样化的需求，同时当地在开发旅游特色产品时缺乏创新性，没有重视当地特有的文化特色，清一色的"义乌小商品"使得游客审美疲劳，不利于提升旅游产业竞争力。

（五）旅游投资渠道单一

在发展旅游产业过程中，旅游投资渠道单一导致无法促进旅游产业进一步发展。在开发旅游资源过程中，由于采用的发展方式和投资渠道较为单一，以传统的管理体制为主，限制了旅游产业的发展，并造成旅游产业在发展过程中出现资金紧张的局面。[①] 由于没有形成多渠道、多方式的融资形式，旅游产业还停留在较为初级的发展阶段。

（六）旅游宣传力度低下，知名度低

在发展旅游业时，由于旅游宣传力度低下，地方旅游产业、文化特色、历史文化得不到良好宣传，在全国知名度较低，无法提升旅游产业的发展效率，使得旅游产业竞争力不足。存在此类现象的原因在于当地政府对旅游产业的推广力度较为薄弱，重视程度较低，采用的宣传、推广方式较为单一，对地方特色和品牌宣传力度不够，营销策划工作不到位，导致没有形成良好的传播局面，不利于旅游业发展。

三、我国城市旅游产业竞争力提升的战略选择

（一）以发育为目标的战略

当一个城市旅游资源实力总体不如对方时，它只有卧薪尝胆，不断地充实自己，发展自己。一般的发展是根据自身的条件和所处的环境确立发展目标，而竞争性的城市发展战略则是根据竞争对手而编制的，它确信有所为才有所作为，从而才能形成自己的特殊竞争力选择。

提高城市旅游竞争力发展战略，应实现以下目标：较竞争对手有较高的环境质量，具备健全良好的城市生态环境；较竞争对手有较高的生活质量，包括给旅游者提供良好的住房、优美齐全的居住环境及服务设施；社会设施和基础设施符合现代化、信息化的要求；产业现代化和产业结构优化；管理现代化，

---

① 谈琰. 我国旅游产业融合的障碍因素及其竞争力提升策略研究 [J]. 环渤海经济瞭望，2022 (12)：19-21.

由人治走向法治，并用先进的科学手段进行管理；政治民主化，对城市内的人员及来旅游的消费者给予充分的尊重。

实现这种发展战略，就要逐步实现城市功能多样化、城市活动社会化、城市生产智能化、城市环境园林化、城市政治开明化、城市规划综合化、城市管理信息化。

（二）以扩张为目标的战略

这是一种进攻战略。城市扩张是一种通过城市影响力的增大而更多占有旅游资源和旅游市场的行为。旅游城市的扩张实际上是提高城市的作用力，扩大其外部效应场，即从政治、经济和文化方面全方位提高城市旅游影响力。

这是一种特色扩张，即城市不强求自己的政治中心、经济中心、文化中心的一体化，而是通过城市旅游品牌、文化、服务、环境、设施等方面的差异性而形成某种旅游特色中心，以求提高、扩大城市旅游竞争力，这种优势扩张可以增大竞争对手进入市场的障碍和延伸城市品牌的影响区域。

（三）防御性的城市旅游竞争战略

在我国众多城市中，由于历史和现实的因素总有一些优势城市，或者是经济实力较强，或者是文化底蕴深厚，使这些城市具有一种心理高位，让人望而却步。这就造成了在城市旅游竞争中，一些城市具备防御的天然优势。市场经济条件下，城市间这种优势差距会逐渐缩小，而这些城市为保持这种既得优势，就得不断发展，不断创新。

这表现在，利用已取得的优势，城市继续发挥对人才、旅游的吸引力和政治、经济、文化、旅游方面辐射力的作用。对城市优势的威胁始终是存在的，一个城市旅游吸引力的降低，说明对城市优势的威胁在加剧。这些城市最佳的防御是在城市中营造一种危机感、紧迫感，培养一种自我进取的勇气，不断创新，不断超越自我。

四、我国城市旅游产业核心竞争力的提升战略

核心竞争力是城市旅游建设和发展的重要因素。城市旅游核心竞争力需要城市结合自身的发展特色，打造与城市形象相符合的旅游特色。城市旅游核心竞争力能够提高，推动我国城市旅游行业蓬勃发展。

城市旅游核心竞争力是提高城市综合实力的重要方式，为了提升旅游景点的知名度，城市管理者需要重视旅游核心竞争力，需要结合多方面的力量进行

统一建设，发挥旅游在我国城市经济发展中的积极作用。就如何提高城市旅游核心竞争力的问题，相关人员可以从以下几方面进行建设。

（一）发挥政府职能在城市旅游核心竞争力中的作用

政府是我国依法行政的主体，政府具有的社会公共职能是推动我国社会进步和发展的中坚力量，发挥政府职能建设是提升城市旅游核心竞争力的关键因素。为此，政府部门需要积极发挥其公共职能，将提升城市旅游核心竞争力放在政府工作的重要环节。

首先，明确各部门职责，协调好各部门之间的关系，实现各部门关系的相互促进、相互监督，最大限度地发挥部门作用。

其次，注重城市对外形象展示，做好城市旅游景点宣传工作，不断完善城市公共基础设施建设，打造和谐文明城市，提升城市知名度。

最后，完善相关法律保障，制定城市旅游相关法律，将城市旅游建设发展纳入法律的保护，规范城市旅游服务行业的发展，为城市旅游服务行业构建公平、公正的市场环境，有效地提升城市旅游核心竞争力。

（二）建立完善的城市旅游核心竞争力信息化体系

随着现代信息技术的发展，网络逐渐改变了人们生产生活方式，给人们日常衣食住行带来了便捷之处。信息网络技术运用到城市旅游核心竞争力建设中，能够有效地提升城市旅游核心竞争力，推动我国城市旅游事业的发展。

在网络信息平台上，城市旅游中心可以将旅游景点的开放时间、重要活动、景点介绍、购票方式等展示出来，方便全国各地的游客提前做好旅游路线规划工作。

此外，旅游信息服务网站还可以发布酒店信息、交通信息等，为游客提供一站式的服务，同时还能使城市旅游信息共享，提升我国城市旅游核心竞争力。现代网络技术的发展，是推动我国城市旅游产业发展的重要因素，通过各种网络平台、电子产品，人们可以随时随地进行酒店预订、门票购买，为人们的旅游出行提供便捷，充分激发和调动人们外出旅游的兴趣。

（三）深化旅游企业集团化水平

旅游企业的集团化经营包括两种经营模式，纵向一体化和横向一体化。当前国内很多城市的旅游企业存在"散""小""乱"等特点，集团化经营有利于旅游企业实现规模经济，集中管理和经营具有通用性的设施设备。

为了避免各旅游企业盲目扩张、恶性竞争、重复建设，政府及行业协会、龙头旅游企业应合力营造良好的竞争氛围和规范的旅游行业运营准则，树立具有竞争力的形象品牌，提高城市旅游整体发展水平。

同时，政府应当完善包括交通设施、城市环卫等各方面的基础设施建设，为旅游企业的集团化和旅游业创设"进得来，出得去""城建美，街道净"的目标提供"硬件"，这也是吸引游客的首要条件。旅游业的发展既要依靠省际省内交通设施的完善，还要将整个旅游景点连接成线，提高景区内部的通达性，实现各旅游圈之间的互通。

（四）提高城市旅游从业人员综合素质

旅游从业人员是旅游核心竞争力提升的重要因素，从业人员的综合素质和服务水平影响游客对城市的最终印象。为此，城市旅游建设管理者要重视旅游从业人员综合素质的提升，建立一支高素质、高水平的旅游从业人员队伍，提升旅游服务的整体水平。

一方面，旅游管理部门要提高旅游行业准入标准，严格控制旅游经营许可证、导游证等资格证书的发放，从根本上提升旅游从业人员整体素质和水平。

另一方面，城市旅游管理者要制定统一的旅游从业人员标准，如规范旅游的言行举止，约束旅游从业人员的工作态度和服务能力，提升旅游从业人员工作水平。此外，管理者应加强对城市旅游行业的监督和管理，严厉打击违法经营现象，为游客营造和谐、安全的旅游环境，提升游客对旅游景点的满意度。

第五章 区域旅游开发与竞争力提升探究

随着社会经济的发展和人民生活水平的提高，旅游日渐成为人们日常生活的一个重要组成部分，旅游业在国民经济中的作用越来越重要，我国各地也争相把旅游业作为地方支柱产业来大力发展。而旅游市场化程度的加深对区域旅游业竞争力的要求也越来越高。如何立足自身实际，培育市场竞争优势，已经成为各区域旅游产业发展的当务之急。本章对区域旅游开发与竞争力提升问题进行了简要的分析与探究。

第一节 区域旅游概述

一、区域

在分析区域旅游内涵之前，有必要先对区域进行界定。所谓区域，一般是指一个客观上存在，又抽象在人们观念上的空间概念。它往往没有严格的范畴和边界，以及确切的方位。

不同的学科对区域有不同的理解。地理学把区域看作地球表面的地域单元；政治学把区域看成国家管理的行政单位；社会学把区域看作相同语言、相同信仰和民族特征的人类社会聚落；经济学把区域看作便于组织、计划、协调、控制经济活动而从整体加以考虑的、并兼顾行政区划完整性的一定的空间范围。

二、区域旅游的概念

区域旅游是指以人类旅游活动为主体，以旅游观光对象为客体，并由其他人文与自然要素交织而成的特定旅游区域的旅游地域系统。区域旅游在地理位置、空间尺度、空间联系等方面应当符合下述条件：

（1）地缘上的不可分割性。指区域旅游所涉及的各主体（各地区、省、市等)要处于相同的地理位置,彼此之间或者有山脉相连,或者有河流相通,可以构成一个相对完整的地理单元。这个地理单元在地质、地貌、水文、气候、植被等自然属性方面具有较强的一致性。

(2)旅游资源上的同型性。即区域内各主体所拥有的主要旅游资源在类型上要有较大的相似性。同一自然环境所孕育的自然旅游资源必然是相似,甚至是相同的,而在特定的自然环境中发展起来的人文旅游资源也必然带有环境的烙印。因此,区域旅游应当具备的前后两条件彼此之间息息相关。

(3)空间联系上的便捷性。区域内各大景点及重要旅游区域和中心集散地之间要有完善、发达的交通网络,能够保证旅游者在各景区、点之间快速移动。众所周知,区域旅游在旅游市场上之所以引人注目,是因为区域内丰厚的旅游资源组合、优化之后对旅游者具有强烈的吸引力。此时区域旅游的优势表现为区域旅游资源的整体优势。但是仅仅依靠旅游资源还远不能形成区域旅游,如果区内各景区、点之间没有方便、快捷的交通将其联系在一起,旅游者不能无所阻碍地在区域内流动、循环,区域旅游的全貌和整体优势就体现不出来。对旅游者而言,他们看到的、感受到的只是区域旅游中的一颗或几颗"明珠",而非真正的"珍珠项链",这样的旅游不是真正意义上的区域旅游。

(4)在空间尺度上要包含两个县级以上的较大行政单位。区域旅游如果没有较大尺度的覆盖空间,"区域"两字就无从谈起,而且区域旅游所利用的高品位、高质量景区、景点可能也无法得到保证。因此,占有较高级别的行政单元,占有较大面积的地域空间,对区域旅游来说,也是必不可少的。

区域旅游具有鲜明统一的旅游形象、紧密相连的产业群体、较大的规模效益,资源、产品、服务、交通及社会文明等共同交织,因而容易形成较强的综合竞争能力。

三、区域旅游与传统性大众旅游的差异

区域旅游与传统性大众旅游在发展模式上存在着很大的差异。区域性旅游既不是以外来式旅游开发为主,也不是单纯地依托周围的市场及其区域间的联合和协作来发展本地区的旅游,而是把区域社会内部所有的共同资本或资源作为旅游地发展的主体,在紧紧依靠本地区多样主体的智慧(精神、历史文化、区域政策等)和力量(资金、自然生态资源、社会公共设施、产业、服务)的基础上,根据本地区的特点和需求来吸引外部资金、技术、文化和先进的管理方法,开展区域间的多边联系和合作等来发展旅游。这种依托于内生式旅游开发模式而形成的以区域社会为主体的旅游发展模式,最为重要的是把旅游纳入

区域社会综合发展的规划中，使旅游成为区域社会整体发展的重要一环。

从这个意义上说，区域旅游是以区域社会共同资本为本，在区域共同体构成成员的共同参与、共同经营的发展模式下所开展的促进可持续发展旅游的一种具体运作方式。因此，促进旅游振兴和区域社会振兴（区域固有资源保护与利用的和谐，生活环境的改善与提高，区域文化的保护、振兴和创造）这两个方面获得相乘效果，是区域旅游应运而生的根源，也是现代旅游追求的理念和目标。而促进现代旅游追求的理念和目标成为现实的思想理论基础，是区域共同经营的基础观点、运作体制与方法。

四、区域旅游发展战略的理论基础

（一）旅游资源理论

旅游资源的吸引向性可分为三重结构：国际海外向性、全国向性、本地向性，且三者相互重叠。

旅游资源的吸引向性主要是由旅游资源的质量和性质决定的，旅游资源的级别越高，其吸引向性结构越复杂，吸引力和吸引范围就越大，并且这种吸引力随着距离的增加而递减（受距离衰减规律的制约）。

旅游活动的行为层次（如观光旅游、文化旅游），一方面依赖人的价值观念和经济发展水平，另一方面还取决于旅游资源的性质与价值。

正确地确定区域的旅游吸引向性和旅游活动行为层次，有利于统筹规划，制定正确的发展战略，以促进旅游业的发展。

（二）区位条件理论

某种类型人类活动常常在局部地点（场所）上进行，而并非均匀地分布在地球表面。这主要是因为不同的场所具有不同的属性或资质，即区位条件不同，因而其能够满足的人类活动也会不同。因此，区位条件可界定为区位本身所具有的条件、特点、属性和资质。

从区域旅游层面来看，区位条件（地理位置）主要是指一个区域是否接近中心城市、交通干线和人口密集区，它往往决定一个区域的可进出性和门槛游客量（指一个旅游区的最低的旅游人数保有量）。

正确地把握门槛游客量，有助于各旅游区在制定区域旅游发展战略中合理安排开发规模，以减少投资风险。

(三)区域经济理论

区域经济的发达程度,直接影响到旅游地建设的投资能力,旅游开发的规模与方向,旅游产业的发展品质。

例如,深圳经济发达,其用大量投资搞人造景观("世界之窗""民俗文化村"等)的办法来发展旅游业;而四川则因经济条件的限制,许多丰富的旅游资源(国家级旅游资源居全国第二位)未能得到很好开发。因此,经济背景条件也是区域旅游发展战略中应考虑的重要因素。

此外,客源市场条件也应作为区域旅游开发的重要因素加以考虑,它决定着区域旅游开发的可能性。

(四)共生理论

1. 共生理论的内涵

共生(Symbiosis)一词出自希腊语,意指不同生物以某种联系密切生活在一起。共生原始关注的是生物之间的关系,其本质契合着"世界是联系的"这一哲学观点。因此,共生是自然社会和人类社会普遍存在的一种现象,是人类模仿自然的对象。20世纪50年代,共生的概念也渐渐被学者引入社会科学研究领域,并逐步形成包括共生的概念、内涵、类型和模式等在内的共生理论。

共生是共生单元在一定共生环境中按某种共生模式形成的关系。旅游业作为综合性极强的服务型产业,无论是纵向供应链节点之间,还是横向企业之间,相互依存的关系无处不在,因此,共生理论应用于旅游学研究是一种历史必然。[①]

共生单元是指构成共生体或共生关系的基本能量生产和交换单位,是形成共生体的基本物质条件;共生模式又称共生关系,是指共生单元相互作用的方式或相互结合的形式,包括寄生、偏利共生、非对称互惠共生、对称互惠共生四种共生行为方式和点共生、间歇共生、连续共生、一体化共生四种共生组织程度;共生环境是指共生关系,即共生模式存在发展的外部条件。

---

① 谢灯明,何彪,蔡江莹. 共生理论视域下跨区域旅游竞合模式选择——以海南、台湾为例[J]. 海峡科学,2018(11):85-88.

五、区域旅游的发展特点

（一）强调协调发展

当一个国家富足的时候，人们就更愿意在休闲娱乐上花费更多的资金放松自己，或者是陪伴家人。因此，旅游正在成为当下人们最为追捧的度假形式。正是由于这样的发展态势，新常态的旅游业需要更多的从业人员投身到这个行业中来，旅游业的发展也成为我国经济发展的新增长点，同时，区域性旅游也是拉动内需的重要手段，对于我国的经济发展具有良性的循环促进作用。这样的大好前景不能进行粗放型的旅游开发，而是需要有一个长远的布局和规划，特别是协调发展对于区域旅游来讲是推动深入改革的重要契机。[①] 我国不同地域的经济发展存在不均衡、旅游资源开发不完善等情况，因此，有针对性的协同发展、合理配置资源才能更好地让旅游业保持高速稳定增长。

（二）生态旅游成为发展的重点

在我国改革开放初期，中国经济基础薄弱，因此，我们不得不牺牲部分资源来发展经济。但是，随着中国日益强盛，我们不能再继续走之前的老路，而是要在经济发展与生态宜居之间找到平衡点，既要保护好我们的青山绿水，也要发掘我们的金山银山。因此，旅游业的今后发展路线必然是以生态功能性为主要方向。

现代人生活节奏快，长期生活在钢筋混凝土铸造的城市中，绿色的生态环境成为人们渴望的空间愿景。区域旅游的设计与规划正是在城市群之间建立联系，城市与城市之间的地带正是生态旅游发展的重要节点，这不仅可以解决区域旅游的过渡衔接问题，而且还能让游客通过消费当地乡村经济的发展。

（三）互联网助推旅游业变革

近年来，由于互联网产业的蓬勃发展，我们的工作和生活正在逐渐被计算机和互联网所改变着，各行各业的运营方式和服务能效也都朝着科技化的方向转型。不可否认，互联网对于我们的生活具有重要的意义。在这种大势所趋的浪潮中，旅游业正在依托现有的科技力量完成自身的行业升级，其中包括有效利用互联网和大数据的便捷和传播速度，例如，在网络平台进行营销、在线预

---

① 杨晓安.探析新常态下中国区域旅游的发展战略［J］.全国流通经济，2019（30）：144-145

订等。正是由于网络和移动终端的普及，旅游业才改变了传统模式，正在形成新的行业发展链条。

第二节 区域旅游资源开发

一、区域旅游资源开发的意义

为了科学、合理、全面而充分地利用旅游资源，必须对区域旅游资源进行科学、合理的开发，尤其是自然旅游资源的开发。自然旅游资源主要涉及地质、地貌、水资源、动植物资源、大气旅游资源，以及部分与人类活动关系密切的宇宙现象、天体等旅游资源。

人类生活在地球上，无时无刻不在与地球打交道，地球是宇宙空间的一分子，地球的运转，一年四季的更替，大气的变幻莫测，天体的来去，宇宙物质等，都直接对地球产生影响，也都直接或者间接地与人类生活（尤其是衣食住行）发生关系。人类对自然旅游资源观赏的过程实际上就是人类对地球和宇宙认真了解的过程。平时，人类把大部分时间都用来忙于各种事务，无暇光顾周围的世界，利用闲暇时间，走出斗室，亲近自然，领略自然风光，才能真正感受和体会到大自然的美好。但是，浩瀚宇宙、茫茫大地，空间何其大，资源何其多！我们不可能全面无遗地观赏，不能盲目地周游，更何况有些原始的、人迹罕至的地区，由于其环境条件的限制，人类还无法亲身经历。所以，人类要在众多繁杂、五彩缤纷的自然界采撷其精华，领略其精髓，必须对区域旅游资源进行开发。

开发最原始的概念就是以自然资源为对象付出劳动，从而达到利用的目的。区域旅游资源开发就是通过人类的劳动——体力的和脑力的，使自然旅游资源得到科学、合理的利用。

综上所述，区域旅游资源开发的意义就在于：①对自然旅游资源进行科学、合理的利用；②对自然旅游资源进行科学、精心的保护；③给自然旅游活动营造一个良好的环境氛围——合理的路线布局和科学、精彩的景点设计；④为旅游用地提供科学、合理的布局。

二、区域旅游开发的类型

根据旅游资源价值高低、区位条件优劣、区域经济背景好坏等，可以把区域旅游开发划分为以下四种类型。

（1）资源价值高，区位条件优，区域经济背景好

这类地区旅游资源量多质高，地理位置优越，交通发达，可进出性好，客源充足，经济发达，是旅游开发最理想的地区，应优先发展和全方位开发。如，北京、南京、苏州、杭州等地属于这类地区。

（2）资源价值高，区位条件较好，区域经济背景差

这类地区的旅游资源非常丰富，对游客的吸引力较大，区内交通比较方便，可进出性较好，但区域经济较落后，旅游开发的最大问题是资金短缺。对这类地区可采用国家扶持，或引进外资等手段，适当超前开发，把旅游业的发展作为振兴地方经济的生长点。如，湖南的张家界、安徽的黄山等地属于这类地区。

（3）资源价值高，区位条件劣，区域经济背景差

这类地区的旅游资源也很丰富，并且具有很大的神秘性（因区位偏僻而鲜为人知），对游客有很大的吸引力，但由于位置偏僻，交通比较闭塞，加上经济条件落后，旅游业发展困难重重，不过，发展潜力巨大。这类地区可采取保护性开发（伺机发展）和适当超前开发等措施，并通过旅游者的"示范效应"更新本地居民的思想文化观念、商品经济意识。这类地区如九寨沟、香格里拉、丽江、泸沽湖，以及三江并流等地。

（4）资源价值低，区位条件优，区域经济背景好

这类地区的旅游资源比较贫乏，发展旅游业的先天条件与潜力都不足，但地处交通要地，人口稠密且流动量较大，区域经济发达，旅游需求量大。这类地区的旅游开发应充分利用区位条件好、区域经济发达的优势，扬长避短，建设人造旅游景观（如深圳建"锦绣中华"等），或恢复历史上有名但已被毁的名胜古迹（如武汉重修黄鹤楼、南昌重修滕王阁等），积极开发新的旅游资源，从而发展旅游业。如，武汉、郑州、南昌、石家庄、深圳、珠海等地属于这类地区。

三、区域旅游资源开发的步骤

（一）客观评价旅游资源

它包括：（1）旅游容量评价；（2）旅游丰度和观赏时量度评价；（3）知名度和魅力度评价；（4）区位便达度评价。

（二）树立适度超前发展模式

旅游业的超前发展，就是超越国民经济总体发展阶段，通过率先发展带动、

促进相关行业的发展。但必须具备以下三个条件：(1) 拥有丰富的、吸引力强的、可供利用的旅游资源；(2) 拥有充足的旅游客源及较强的旅游消费购买力；(3) 拥有较好的自然、社会、经济环境和足够的资金。建立在较弱经济基础之上的旅游业，要在短期内形成较强的产业体系，必须加大对其资金的投入，而且追求的不能只是本行业内存的经济效益，而是旅游经济的外在效益，特别是波及与连带效益。旅游产业发展必须经过规模积累、结构调整和水平提高三个发展阶段，需要各方面的整体配合和软硬环境的全面改善才能奏效，如若仅从旅游产业的自身效益分析，在国民经济基础较弱的条件下，旅游产业的引入似乎是没有道理的。如若从短期效益分析，产业的投入与产出严重失衡，旅游业本身所具有的"投资少，见效快，收益大"的经济特性就难以充分体现。

(三) 准确进行市场定位

区域旅游市场定位，直接关系到旅游区的开发规划、开发特色及对客源市场的吸引力。区域旅游资源开发应坚持以市场需求为导向，以区域社会、经济和文化为背景，以区域发展历史为主线。从区域性旅游着眼，根据"突出重点"和"突出特色"的原则，按照"出优势产品、出配套产品、出规模产品"的思路，搞好总体规划，既要注意"求精、求新、求宜"，从小规模开始，从单项开发起步，做到开发一片，受益一片，又要坚持"高起点、高标准、高档次"，积极稳妥地寻找旅游业的"增长点"，谋求独特的可持续发展途径。

(四) 广泛开展产品促销

旅游资源开发是发展旅游业的基础和依托。强化促销，不断开拓市场的广度和深度，是加快旅游业发展的根本保证。区域旅游开发必须坚持一手抓旅游资源开发，一手抓旅游产品促销，加强区域性旅游合作，设计和组合跨地区旅游产品，构建多元化旅游市场网络，实现旅游市场客源互补。要制定旅游客源市场开发方针、政策和战略重点，参与旅游大循环，建立横向营销网络，形成旅游产品的大流通格局，建立能与境内旅游供给能力相适应、与境外旅游竞争对手相抗衡的促销机制，不断改进促销的方式方法，提高宣传促销的有效性，与市场开发的针对性。要在国内外客源主体市场设立旅游窗口，积极参加各级政府组织的促销活动。要建立信息系统和网络，争取各有关部门的支持，搞好与各新闻媒介的联合联姻，建立与各旅游区的大合作，发动全天候的立体宣传促销攻势，构建多元化、全方位开放的旅游市场体系。

四、区域旅游资源开发的原则

(一) 坚持可持续利用的原则

可持续利用原则作为一个时期的产物,目的是让人们在开发区域旅游资源的同时,既考虑到当前社会的经济需求,又顾及发展战略,同时不会对未来的需求造成威胁和损害。经济效益、社会效益和生态效益的统一,能让当代人以最小的成本获得最大的效益,从而为后代谋福利。

(二) 坚持保护性发展的原则

就区域旅游资源来说,在开发与保护之间应该遵循的基本原则是"以保为本""以人为本"。合理地保护区域旅游资源,开发就能获得效益;开发带来的利益,也会推动环境的优化。当开发与保护发生冲突时,保护具有强大的否决权力。

(三) 坚持以生态为基础的方针

开发区域旅游资源应建立在发展旅游经济的基础上。从目前的情况来看,开发的区域旅游资源必须具备鲜明的区域特征,这样才能吸引更多的游客,促进旅游业发展。在开发区域旅游资源的过程中,必须坚持以生态化为基本理念,积极开发符合区域特点的生态旅游产品。

(四) 坚持多元化的基本原理

在开发区域旅游资源的过程中,要多元化开发生态观光项目,如观光露营、徒步探险、池塘钓鱼、农家乐等大众化的旅游项目,突出区域特色,以满足不同旅游者的不同需要。

(五) 坚持经济效益、社会效益和生态效益协同发展

市场经济坚持以利益最大化为目的,而生态旅游也是一种以利益为目的的旅游方式,但这种利益并不局限于经济效益,还要兼顾社会效益与生态效益,三者要有很强的协调性。[①] 这三个方面存在冲突时,应遵循"生态效益大于经济效益""社会效益大于经济效益"的原则,即经济效益从属于其他两类效益。

---

① 全少莉. 生态旅游背景下区域旅游资源开发策略研究 [J]. 漫旅, 2022 (10): 98-100.

五、区域旅游资源开发策略

(一) 改革经营管理方式

开发区域旅游资源必须顺应市场经济的潮流，促进行业一体化发展，并不断改革经营方式。首先，要做好景区建设。综合考虑区域历史文化、民俗文化、资源禀赋、旅游者的经验等方面，进一步加强景区建设，建立精品景区，突出景区特色。其次，要探索区域生态观光的闭环式经营模式。通过微博、微信等新媒体平台，加强对区域旅游的宣传，逐步提升景区的品牌形象。大力推进绿色农业、观光旅游、餐饮等与区域生态旅游深度结合，实现餐饮、观光、住宿、交通、购物、娱乐的一体化，形成多元化的生态旅游链条，实现资源共享。以林州太行大峡谷为例，其以自然风光、特色建筑为依托，打造特色城镇，使自然观光、特色农业、生态观光等多个产业深度结合。最后，要不断提高区域环境管理效率。推动区域旅游资源与区域治理、区域基础设施建设相结合，促进区域环境治理变革，加强基础设施建设，推动区域生态旅游业发展。

(二) 完善区域性旅游资源开发规划

旅游资源的开发规划对旅游产业的可持续发展起着至关重要的作用。它是一份指导性文件，能够有效指导旅游资源的开发和利用，为旅游产品的研发和推广提供有力支持。因此，制定旅游资源开发规划时，需要充分考虑到地方资源的特点、区域空间布局等因素。

开发规划要考虑地方资源的特点。不同地方的旅游资源具有不同的特点，如自然风光、历史人文、民俗文化等。制定旅游资源开发规划时，应充分了解当地的资源特点及游客的需求和喜好，以制定出更符合市场需求的开发方案。例如，在自然风光资源丰富的地区，可以将重点放在自然景观的开发和优化上，而在文化历史资源丰富的地区，则可以将重点放在历史文化遗产保护和旅游体验类产品的开发上。开发规划要考虑区域空间布局的特点。不同地域的空间布局特点各不相同。有些地方地形崎岖，交通不便，发展旅游产业的难度较大；有些地方旅游资源丰富，人文环境良好，发展优势明显。因此，制定旅游资源开发规划时，应充分考虑地域空间布局路线特点，合理规划旅游线路和旅游交通路线，以提升游客旅游的舒适度。开发规划需要充分考虑可持续发展。旅游资源开发过程中，需要充分考虑旅游资源开发对环境的保护和对社会经济的影响。开发旅游资源时，应考虑保护生态环境，避免对环境造成不可逆的破坏。

同时，应注重建设和改善当地的基础设施和服务设施，提高游客的满意度和体验度，避免对当地社会和经济造成负面影响。

（三）增强游客的生态意识

游客正确认识生态旅游是区域旅游资源开发的重要保证。

加深对生态旅游的认识，首先，要做好科普工作。要真正发挥媒体的传播和引导作用，通过微博、微信等媒体宣传生态环保知识。通过宣传生态环境的基础常识，使公众逐渐意识到保护生态环境的重要性，增强公众的责任感，提升公众保护生态环境的积极性和自觉性。

其次，要注重转变社会风气，营造良好的生态环保氛围，并积极引导市民参加生态环保活动。同时，在旅游过程中，可以逐步加深游客的生态保护意识。生态旅游的主要作用是环保和教育，游客可以通过参加环保活动获得环保知识。所以，设计生态旅游产品时，要注重寓教于乐，在旅游产品中融入一定的环保知识，如设置环保知识墙、设置警示语等，以更好地发挥导游的指导和管理作用，让游客在亲近大自然的同时，获得相关的环保知识。

（四）兼顾资源保护与开发

环境是区域旅游资源开发的前提和基础，[①] 因此就要注重资源保护与开发的同时进行，推动当地的可持续发展。因此，当地的资源环保部门也要格外重视，积极做好环境保护工作，坚持以人为本，坚持可持续发展理念，满足游客的不同需求，实现当地的自然、人文、生态的协调发展。

（五）提升品牌营销能力

品牌营销对区域性旅游资源的开发具有重要的推动作用。地方旅游品牌的打造需要提升品牌推广与营销能力。第一，要有个性化品牌的设计与策略。将地方特色文化、旅游资源和历史背景作为品牌的核心元素，并围绕这些元素设计品牌和制定策略。在品牌营销中注重与消费者的互动和自我表达，使品牌更能吸引消费者的注意，提高消费者的品牌忠诚度。第二，要加强对地方旅游品牌的推广和宣传。有效的品牌推广和宣传是提高品牌知名度的有效途径。针对消费者的群体特征和消费行为，选择适当的媒体渠道和推广方式，如互联网广告、社交网络营销、公关活动、线下展览等，提高品牌口碑和美誉度。第三，要优化品牌体验和服务。品牌体验和服务是使消费者真正了解品牌、相信品牌、

---

① 张哲. 分析区域旅游资源开发中的环境保护 [J]. 资源节约与环保, 2019 (3): 7.

喜爱品牌的关键。地方旅游品牌要注重提供优质、个性化的服务体验,满足消费者的需求,提高消费者的满意度和忠诚度。第四,要实现品牌价值的最大化。地方旅游品牌的营销和推广不仅在于知名度的提升,还应注重品牌的价值提升。通过精心的营销和推广活动,建立品牌与消费者之间的情感联系。同时注重监控和评估品牌的效果和效益,调整策略,不断提升品牌的商业价值和社会价值。

(六)重视基础设施建设

在国家实施生态旅游战略的大框架下,必须综合规划与利用区域旅游资源。在开发新区域旅游建设项目之前,必须调查现有的区域旅游资源,综合规划,制订符合目前区域生态旅游发展需求的资源开发方案,合理、高效地挖掘和利用区域特色生态资源。

首先,要建设区域生态环境,制订科学的开发规划,采用科学的开发方式,提供资金、物力、人员等支持。

其次,要优化区域环境的基本设施,统筹规划区域的电力、水利、网络、环境等设施,彻底拆除陈旧落后的设施,逐步新建设施,特别是要完善住宿、医疗、交通等方面的设施,为游客打造更加方便的环境,从而极大地提升其满意度,进而提升区域生态旅游的经济效益。

(七)重视工作人员专业素质提升

首先,要加强对区域生态旅游工作人员的培训。以开发区域旅游资源为基础,借助网络技术,营造良好的培训环境,增强工作人员的服务意识,并将先进的经营理念引入日常管理中,促进区域生态旅游良好、健康发展。

其次,要举办学术探讨活动。定期举办交流活动,鼓励区域生态旅游工作者发表意见,交流先进的经营管理经验。

再次,要定期安排区域生态旅游业工作者到其他地方参观,并与其他从业者交流和学习,提高工作者的技术水平,从而为区域旅游资源的开发提供有力的保障。

最后,要充分利用大学教育的优势。以大学为基础,在学科教学的前提下开设与区域生态旅游有关的课程,让相关专业的学生对区域生态旅游有全新的认识,从而更好地利用大学的优势,从根本上解决区域生态旅游人才匮乏的难题,从而培养出更多符合生态旅游发展需求的人才。

六、区域旅游整合问题探讨

(一) 区域旅游整合的定义

区域旅游整合的定义为:为了达到特定目标(经济利益的需要、旅游形象的需要、旅游产品的需要、区域旅游结构优化的需要等等),以参与整合的区域为单位,在各区域中选择相关独立的整合者,以某种方式进行横向契合,使之成为能够满足旅游者要求的新的旅游供给组合。

(二) 区域旅游整合的本质

首先,区域旅游整合的目的是多种多样的,可能有长期的、战略性的、优化旅游产业结构的需要,也可能只是短期的、经济利益的需要,因此无须在任何时候将其提升到战略的高度。

其次,参与区域旅游整合的单位具有一定独立性,需要通过区域间的整合对各单位所持的有待整合的要素进行重新组合,使之在基本保持原来整体状态与主要属性的前提下,组合为能够满足旅游者需要的新的要素。然后,区域旅游整合并不完全遵循严格的科学规律,有极强的艺术性。因此,系统论、系统优化等科学方法对其并不完全适用。

最后,区域旅游整合是横向的跨部门跨领域进行要素重构的过程,如果是控制范畴之内的领域,则不属于整合的范畴,而是统一安排、调度指挥的问题。通过整合形成的旅游资源和旅游要素,和通过总体系统化创建的资源和要素是不同的,前者仍然是可以拆分的,可以重新进行新的整合。

(三) 区域旅游资源整合的内容

1. 资源整合

加强区域旅游合作的主要途径就是对旅游资源进行跨区域的优化配置,实现旅游产品的空间结构优化。区域内的各地方要打破行政区划界限,根据区域旅游目的地的长期发展战略、旅游资源禀赋等条件,以"资源共享、位势叠加"为原则,把旅游资源放在整个区域内再分配,开展跨区域旅游资源重组。还要以资源为核心,以服务旅游者为目的,达到旅游资源的优化配置,开发新的更富有吸引力的旅游产品和更富有效益的旅游线路,并通过整合将同类旅游资源产品做大、做精,使资源要素的集聚功能和辐射力得到充分的发挥,资源得到充分的利用,从而带来单个地域单元独自开发资源所无法获得的规模效益。

对具有互补关系的旅游资源,进行地域旅游资源的重新优化整合,实现叠加效应,从而增强区域旅游产品的吸引力。

2. 产品整合

将某些不能形成成熟旅游产品或市场竞争力较弱的旅游资源依据某种产品开发理念整合起来,形成新的旅游产品,以改善市场形象,提升市场竞争力。

3. 形象整合

建立区域统一的旅游总体形象是区域旅游开发整合迈向实质性的重要标志。统一的区域旅游整体形象有利于区域的对外宣传和促销,同时,塑造鲜明的旅游总体形象也是进行区域旅游品牌经营的前提和基础。区域内的各合作单元可在对区域旅游资源和市场分析的基础上,对区域内的旅游资源内在和外在价值进行提炼,确定突出区域个性、凸显资源特色和文化特色的核心形象,并用简练的语言表达出来,用具体的视觉形象表现出来。

4. 市场营销整合

根据区域旅游的目标市场定位,对不同类型旅游产品中核心目标市场一致的旅游资源进行捆绑开发,能打造多类型的旅游产品,增加游客的停留时间和消费额,实现客源的充分利用。同时,在区域内部,各地方要采取积极有效的措施打破地方市场壁垒,取消对外地旅游企业和从业人员的"歧视性"政策,切实营造无障碍旅游空间,实现互相推介,合理分流,客源共享。

5. 产业系统的整合

区域旅游经济效益的实现依赖区域内各地方旅游产业系统的协调运转,而区域旅游产业结构合理化和高级化是实现区域旅游业健康发展的重要条件。由于地方政府追求旅游经济效益最大化的趋同性,各级政府为了有效控制旅游经济的流动,竞相进行资源开发和旅游项目建设,在本行政区范围内构筑起了自我封闭、自我配套、自我发展的旅游发展结构体系,形成功能性、结构性的重复开发,使适合区域发展的优势旅游项目得不到很好的发展,这在客观上造成了严重的旅游产业结构同构化问题,也为跨区域的旅游经济合作带来重重制约。因此,各地需要打破原有的各地区旅游产业结构,重新在整个区域内加以部门布局和结构升级,构建先进高效的旅游业运营系统,避免同一区域内部旅游产业同构化;需要加强旅游业内部各部门之间的协调,为游客提供一条龙服务,为游客创造一个完整的区域旅游空间。

第三节　区域旅游产业的发展方向

一、实现区域旅游政府联合协作

区域旅游是综合性产业，涉及多方利益主体，区域旅游合作发展遵循着"自愿互利""协同发展"的原则，不仅要考虑自身利益，还要处理好共同利益。① 仅依靠旅游管理机构难以协调，还需要地方政府在区域旅游协作中发挥"领导"和"协调"的作用。

（一）复合多元行政协作模式

当前，我国多样化旅游需求成为常态，区域旅游发展需要不同的空间形态，需要景区、度假区、旅游购物区、旅游小镇、旅游综合体等不同类型的空间形态支撑。在这一新形势下，对土地等要素的需求增多，牵涉多方利益，需要多个行政单位共同发力协作。

从行政机构上来说，我国现有的区域旅游政府主管部门为部分旅游行政机构，分为地市级旅游局、县级旅游局和各旅游项目的管理委员会三级。由于各地区具体情况不同，部分市、县并没有专门的旅游管理机构，而是与文化、广播、文物、体育等职能部门合并，组合成融合性的旅游部门。因此，各级文化和旅游行政部门需要政府在其中发挥"领导"作用，统筹协调和监督涉及旅游要素发展的相关部门，协调各部门之间的利益，加强部门之间的合作。

横向来看，随着区域旅游产业的边界越来越模糊，旅游空间范围也不再局限于某一旅游目的地，区域旅游中各部门的协作不单单是一方参与或某类部门参与，而是需要多个部门合作，多方共建共治共享，这需要政治、经济和环境多部门共同管理；纵向来看，当前，区域旅游管理不应当仅局限于同级政府，还应当有跨层级、跨区域的政府主管部门合作，以政府机构为主，其他相关机构为辅，交叠形成协作机制。部门内部的合作与跨部门跨层级的部门合作，形成多中心、多层次的协作模式。

---

① 樊启迪，李永航. 浅谈我国区域旅游协作模式存在的问题及解决对策 [J]. 市场周刊，2021（12）：71-73.

(二) 目的指向的规划性协作模式

现有区域旅游政府的协作模式往往注重短期效益与既得利益，政府没有对协作进行仔细而深入的规划，经常根据区域旅游资源的相似性与客源市场的同一性（表面特征），采取一些能够短时间产生经济效益的手段和方法、造成一些旅游项目的过度开发与重复开发，有时还会由于这些短见而破坏区域旅游资源的整体性。而目的指向的规划性协作模式则要求认真分析协作的基础与时机，根据一些可行性规划分析，采取合适的方式进行区域旅游协作，开发和利用旅游资源。

(三) 多目标关联性协作模式

多目标关联性协作模式指的是在追求短期利益的同时还立足长远，注重多个目标的协同发展，区域旅游在追求社会效益、环境效益与经济效益共同发展的同时，实现了区域旅游整体可持续发展，最终实现了经济繁荣、社会和谐。

区域旅游给区域带来的不仅有经济的增长，还会带动当地的基础设施建设，提升区域内的社会文明程度，对当地居民就业和产业发展有着重要作用。社会、经济、环境要素紧密相关，政府联合协作的目标要将多个目标综合考虑，不仅要重视当地的经济发展，而且应当兼顾当地社会、经济、环境等共同发展；不应该只追求眼前的经济利益，更应该关注持续的利益。

(四) 第三者中心协作模式

所谓的第三者便是指旅游产品、旅游服务、旅游企业效益、游客等。现在的旅游协作多以上级、领导为中心，围绕领导交办的任务开展各项工作，不计社会成本和经济成本，以领导是否满意为各项旅游协作工作的出发点和努力方向，将效率和效益则处于较次要地位。因此，难免出现一些不合时宜的协作项目。

区域旅游政府联合协作绩效旨在以第三者为中心，按照政府职能要求，积极提供让游客满意的旅游服务和旅游产品。协作的绩效考核应该客观公正，摆脱政绩观、形象观的束缚。这种从绩效维度出发的协作模式应该从以下几方面加以实施：第一，协作绩效应以旅游产品和旅游服务质量为主要考核内容；第二，协作绩效应按照"第三者效益最大化"原则，通过市场经济的有效竞争，以最低的社会成本，力求取得最大的经济和社会效益；第三，旅游协作绩效应以公众（游客）满意为最终衡量标准。

二、形成旅游产业集群

（一）产业集群的定义

产业集群，也称为"产业簇群""竞争性集群""波特集群"，是指某一行业内的竞争性企业以及与这些企业互动关联的合作企业、专业化供应商、服务供应商、相关产业厂商和相关机构（大学、科研机构、制定标准的机构、产业公会等）聚集在某特定地域的现象。①

产业集群的发展是一个逐渐演进的过程，集群成员从相互选择到密切协作需要时间的积累，有非常活跃的创新交流过程，并形成社会网络化。产业集群是由大量相关企业按照一定的经济联系集中形成一个有机的整体；是一种与某一产业领域相关，由企业及相关支撑机构组成，相互之间密切联系，在空间上集聚，并形成强劲、持续竞争优势的现象。在一特定区域下的一个特别领域，存在着一群相互关联、具有竞争与合作关系、在空间上集中、有交互关联性的企业、专业化供应商、服务供应商、金融机构、相关产业的厂商、专业协会，以及其他相关机构等组成的群体，我们一般将其称为产业集群。

（二）旅游产业集群的定义与特征

所谓的旅游产业集群指的是在一定的地理范围内，形成一定的产业规模和较长的旅游产业链条，同时具备比较强的创新能力的旅游产业聚集体。② 在旅游产业集群内，企业合作性竞争比较明显，在合作和竞争中能有利于规范旅游产业集群的企业共享行为。

旅游产业集群具有 4 个比较明显的特征：第一，空间聚集，所谓的空间聚集指的是在一定的地理空间范围之内形成的产业集中和聚合，其主要的表现形式为，以旅游集散地或者是旅游目的地为中心向着四面八方扩展空间范围，并且将空间内的企业进行聚集的现象。

第二，产业之间的联系，旅游产业聚集中各个相关行业之间都有着十分紧密的联系，以此形成完整的旅游产业链，比如衣食住行等方面的产业，其相互之间密不可分，同时为游客提供优质的服务。这种产业之间的联系有的时候是完全被动的和不自觉的，而有的时候产业之间需要主动自觉。产业集群在发展的过程中，产业之间的联系越主动，则表明产业集群的发展越成熟。

---

① 姜旭. 物流空间学 [M]. 北京：北京首都经济贸易大学出版社有限责任公司，2022：223.
② 张志勇. 内蒙古旅游产业集群发展刍议 [J]. 内蒙古科技与经济，2022（18）：8-9.

第三，旅游产业集群中的内部创新。集群中的产业相互之间有着一定的共通性，从而在相互合作的基础上还存在着一定的竞争性，通过竞争相互之间进行刺激，从而对产品和活动进行创新，以此不断提升产品的质量和服务的水平。

第四，发挥整体优势。旅游产业集群通过规模效益，在相互合作和竞争的过程中，发挥集群的整体优势，提高旅游产业集群的整体竞争力。

（三）产业集群发展对旅游产业的必要性与重要性分析

1. 必要性分析

当前，业界对中国旅游业有三个形成共识的基本判断：一是中国旅游已进入到新一轮快速发展期、进入到最好的发展时期。二是中国进入大众旅游时代，全球进入中国旅游时代，旅游者正从原来的观光饱眼福阶段，进入身体放松、心灵放空的休闲度假时代。三是旅游目的地的培育和发展，既离不开具有核心吸引力的地理空间，也离不开当地老百姓的生活环境；完整的旅游目的地，也必然是整体意义上的游客与本地居民共享的高品质生活环境。

新形势下的中国旅游业呈现出四个明显的新变化：一是常态化。从客源地看，旅游已经成为老百姓常态的生活选项；从目的地看，游客以自组织的方式进入了当地居民常态化的生活空间。二是散客化。主要以自驾、自主、自助、自费、自由等"五自"为表象特征。三是生活化。旅游已成为广大民众短期异地的生活方式，旅游的功能正逐步演化为生活本身。四是智慧化。以智慧移动终端为代表的互联网已占领时代的统治地位，互联网将从根本上改变旅游业的市场基础、产业链和生态圈，以至于整个产业形态。

面对这样一个革命性、颠覆性的旅游新时代，旅游业的发展方式、竞争方式、服务方式和管理方式等都将随之发生根本性的变革。就中国旅游业而言，地方旅游的发展绩效将会在中国旅游"二次革命"中重新洗牌，特别是在全国不少省份把旅游作为战略性支柱产业的今天，省域旅游的发展创新对于建设旅游强国具有更加深刻的现实意义。

为此，许多省份都在致力于改革创新，积极探索地方旅游发展新方式、旅游竞争新方法，不断创造旅游管理、旅游服务的新经验。旅游产业集群就是当前旅游产业发展的重要方向之一。

2. 重要性分析

旅游产业集群化是旅游产业发展的新理念和新战略，使旅游产业逐渐向市场化、企业化方向迈进。① 旅游产业在集群化发展的过程中,不再将旅游企业作为独立的企业体系,而是将其与健康、教育等咨询机构进行紧密结合。在政府的助力下,使其成为社会经济发展战略中的重要组成部分,以此优化旅游行业的创新环境,延伸旅游产业的价值链,增强其竞争力。

(四) 旅游产业集群体系的内容

1. 旅游景区

旅游产业集群视角下的旅游景区,不仅是传统意义上以自然、人文等旅游资源为核心吸引物的旅游景区,也可以是文化创意、游乐娱乐、美食购物等商业服务体系,还可以是特色鲜明的生产、生活方式等。随着旅游业的深度发展,旅游景区在旅游经济运行和旅游产业发展中的核心地位正在逐步弱化。以景区为内核驱动的传统旅游发展方式已经越来越不适应旅游新时代的需要,取而代之的将是旅游景区与旅游商业体系、旅游公共服务体系和旅游生活环境等耦合重叠的完整旅游目的地。"去景区化""无景区化"或"处处景区化""全域景区化"将成为旅游目的地构建的一种新趋势。

2. 旅游企业

它包括3个层次,一是以传统"六要素"为基础直接面向游客的企业;二是间接为游客服务的企业、与旅游密切关联的其他要素企业,以及市场中介组织、旅游中间商、第三方服务商等;三是与旅游跨界融合形成新产品、新业态的企业。

3. 旅游基础设施

这包括旅游公路、游步道,供水、供电及燃料系统,游客服务中心、旅游厕所、标识系统、污水处理系统、各种管网系统,避雷、防洪、防灾、紧急救援等旅游安全系统,风景园林、建筑风貌、景观改造等游憩环境提升系统等。它是旅游公共服务体系、旅游商业服务体系,以及高品质旅游生活环境的物质基础。

4. 旅游商业体系

它包括四个层次的内容:一是满足游客旅行、旅居生活基本保障的商业空间或场所;二是反映地方特色旅游商品或特色美食(小吃)的商业集中区;三是富有浓郁地方特色或鲜明个性的商业街区、街市;四是具有核心景区(点)功能的旅游商业聚集空间。

---

① 杨军. 关于康养旅游产业集群发展的探究 [J]. 旅游纵览,2022 (2):162-164.

5. 旅游公共服务体系

它包括方便快捷的交通服务体系、移动式旅游信息资讯查阅系统、满足自助自驾自游保障的目的地服务系统、旅游安全信息及紧急救援系统、游客投诉及时响应处理系统等。

6. 旅游生活环境氛围

这包括三个方面：一是好客友善、诚信互助、亲情感化、人情味浓的人居环境。旅游的本质是生活本身，最美的风景是人，诚信友善的人居环境已经越来越成为最具核心竞争力的旅游吸引物；二是具有非物质文化遗产保护价值的各种生产、生活方式；三是富有地方特色的各种民俗文化活动。

7. 旅游服务机构

如，景区所在地政府、各种非常设旅游发展协调组织、各级旅游局（委、办）、风景名胜区管理局、旅游景区管委会、旅游行业协会等。集群发展初期，地方党委、政府的顶层设计、统筹协调、创新能力和工作力度等，对旅游产业集群的培育和发展具有重要的，甚至是决定性的作用。由于旅游业具有综合性强、关联度大、涉及面广、边界不明显等特点，旅游产业集群的形成多表现为外力作用的结果。

第四节　我国区域旅游产业竞争力提升战略

一、区域旅游资源的可持续开发战略

（一）区域旅游资源的可持续开发基本战略

首先，培育与保护旅游资源。在旅游资源中，有些是不可再生的，有些是可以再生的。不可再生资源保护已经普遍为人们所接受，受到前所未有的保护。可是在目前，在区域旅游发展中，受到威胁最大的反而不是不可再生旅游资源，却是那些可再生资源，如森林、草地和动物资源等。这就对我们保护这些资源提出了更高的要求。其实，自然资源对我们而言，不管是什么性质，都是无比珍贵的。

其次，有必要挖掘区域旅游资源的潜力，扩大供给，满足旅游发展的需要。加强区域旅游资源调研，圈定一些具有较高旅游价值且目前仍未被开发利用的旅游资源。加强对区域资源的综合利用，特别是有些资源既是工业资源、农业

资源，又是旅游资源，例如，大型的现代化厂矿企业、农田水利设施、花园与果圃等，都具有综合利用价值，关键是如何对其进行开发利用。

（二）品牌区域旅游资源可持续开发战略

1. 品牌旅游资源的不可再造性需要实施持续开发

旅游产业开发的最大优势在于资源的独特性，这是区域旅游资源的最重要基础。旅游项目内自然资源具有极强的不可复制性和再造特性，决定了我们在实施品牌旅游资源开发过程中必须秉持阶段性、有重点的持续开发理念，确保旅游资源得到最大限度的利用；还应充分彰显旅游资源的价值，保护旅游资源，实现长远发展。

2. 旅游市场发展的动态性需要实施持续开发

旅游行业发展呈现"井喷式"状态，各种旅游需求被有效激发。旅游市场发展是一个动态变化的过程，要革新旅游产品的业态和形式，对旅游资源实行持续、分阶段的开发。结合需求动态变化实际，实施持续开发，能够满足旅游市场的发展需求，避免走弯路。

3. 游客主导市场需求背景需要旅游资源实施持续开发

游客是旅游市场的主体，是旅游开发的基础和前提。只有充分满足游客的需求，才能从根本上激活旅游市场，实现旅游产品的有效开发。随着旅游行业的发展，游客的旅游需求不断提升，从以往的简单旅游观光发展到旅游居住、度假休闲等体验旅游。游客旅游需求不断增加决定了旅游市场开发要转型升级。

二、保持区域旅游产业核心发展力战略

（一）区域旅游产业核心发展力对区域旅游产业发展的重要性

区域旅游产业核心发展力是指区域旅游产业在发展过程中长期积淀而成的必不可少的，为形成该产业发展优势起到核心作用的各种能力及其能力组合，是旅游产业能够持续发展的关键能力。

目前存在的问题是，大多数旅游产业过于注重外延发展，一味追求扩大建筑面积，加大硬件建设和资金投入，等等，建成之后的旅游地、旅游设施条件好，但却往往忽略了内涵建设，以至于在生态文化建设、旅游可持续性等方面难有作为。由此可见，旅游产业实际应该做的是培育区域旅游产业的"核心发展力"，从而满足旅游消费者的各种需求，培育旅游供给者的可持续发展能力，促进旅游产业的发展水平全面提高。

区域旅游产业的竞争与合作都是旅游产业发展的手段，旅游产业自身的内涵发展才是根本、是归宿。发展是参与竞争的资本，只有自身实力做大做强，才能在竞争中处于不败之地，从而打造出知名的旅游产品品牌，探索出富有特色的旅游发展模式，积淀出旅游文化的价值底蕴；反过来说，如果只论竞争，拼得你死我活，完全依托市场的功利性竞争搞行业垄断，那么，旅游产业发展就会失去产业的特征与实质内涵。因此，构建"核心发展力"对于区域旅游产业发展而言至关重要。

（二）文化旅游产业核心竞争力发展战略实施

1. 提升文化旅游服务

（1）挖掘文化旅游特色

需要更深层次地发掘出当地文化独有的特点，将关注点放在促使特色文化旅游内容发掘上，从而打造独具影响力的品牌，在竞争中具备更强的实力。比如，政府应将发展的重点放在特色文化品牌的推广上，以原有活动为基础进行改进和完善，适应消费者需要，形成全新的活动内容，通过各种媒介平台来扩大品牌活动所拥有的影响力。

（2）利用传媒提升文化旅游利用效率

文化旅游产业涉及很多门类，其中的传媒业在文化旅游利用率方面尤其关键。互联网时代传媒具备的影响力正在逐步提升。旅游产业需要发掘出具备当地文化特色的旅游内容，可以凭借当地原有的高质量的非遗资源，通过多种旅游形式来寻找独有的文化特征，开发全新的旅游产品，打造出高质量的旅游品牌。

2. 创新智慧旅游文化

（1）运用好文化旅游新技术。自媒体以及短视频 App 让数量众多的旅游资源引起了人们的广泛关注，这对于区域文化旅游产业发展是极其有利的。区域文化旅游产业需要利用当地独有特色的文物以及文化内涵等进行产品的设计和开发，利用互联网来吸引游客和消费人群，从而使传统文化展现出全新的活力，这能促进当地文化旅游产业不断取得进展。比如，上海汇聚了大量的中西方文化，来这里旅游的人大多数是因为其独有的文化环境和商业圈。如今的上海历史韵味十足，并且容纳了更多的时尚元素，无论是商业方面，还是文化娱乐方面，其都展现出独有的特色，无处不散发出魔都的魅力。

（2）整合区域内文化创新旅游资源

以一体化为宗旨不断地进行创新，从行政区域的限制当中走出来，利用政策的支撑来促使区域具备的优越性得到充分的发挥，着眼于本区域范围内，但是不局限于本区域范围内，不同层级的城市要体现出自身独有的优越性来，对于当地文化旅游创新方面进行科学合理的规划。互联网时代，将都市旅游发展和文化创意以及时尚要素结合起来，能够使旅游活动具备更为丰富的内容，能够为区域经济发展助力，能够为人民生活创造更多的美好体验。①

三、生态旅游战略

(一) 生态旅游的定义与特征

生态旅游是以生态资源为基础，一种以环境的可持续发展为前提，会给旅游景区带来巨大经济，环境和社会文化利益的旅游模式，同时，也能传承传统生态知识和文化，吸引公众对旅游景区生态环境关心的旅游活动。②

生态旅游的概念和内涵随着经济社会背景和生态旅游产业发展而不断演变，但都具有以下重要特征：③

（1）以自然和伴生的人文生态系统为对象。生态旅游的对象以原生的自然生态系统为主要对象，同时包括在自然区域中具有地域特色的人文生态系统。

（2）是一种负责任的旅游方式。管理者、经营者、社区和旅游者都需要承担保护自然环境和维护旅游秩序的责任，使其对环境的不利影响最小。

（3）具有经济和生态双重效益。生态旅游的可持续发展需要经济效益和生态效益的协同发展，生态效益是生态旅游可持续发展的基础和保障，经济效益是生态旅游可持续发展的内在动力。

(二) 生态旅游战略的要求

生态旅游作为一种品位高雅的旅游形式，体现出了区域旅游可持续发展内容的旅游思想。生态旅游要求区域旅游资源开发者、经营者和游客都要承担一定的责任，共同担负起维护旅游目的地的自然生态环境和人文生态环境的重任，处处体现环境保护意识和热爱自然、维护自然的高尚品质，尽可能地减少旅游活动对当地生态系统的侵袭和干扰。在生态旅游开发的同时，还为当地居民提供就业机会，吸引他们积极参与到自然遗产和文化遗产的保护活动中来，实现

---

① 吕备，姚瑶. 长三角文化旅游产业核心竞争力提升浅议 [J]. 合作经济与科技，2023 (24)：36-37.

② 李琳，徐素波. 生态旅游研究进展述评 [J]. 生态经济，2022 (7)：146-152.

③ 朱春雨，曹建生. 生态旅游研究进展与展望 [J]. 中国生态农业学报（中英文），2022 (10)：1698-1708.

旅游经济效益、环境效益和社会效益的统一。

生态旅游要求区域旅游资源开发必须有一个科学、详细、符合可持续发展原则的开发规划，对旅游地的选择、生态容量的控制、资源的保护、旅游设施的建设、旅游产品的设计和旅游活动的组织都要做好全面详细的规划。

第六章 提升山东省滨海城市旅游产业竞争力策略

山东省具有发展滨海城市旅游业的优势资源：丰富的滨海旅游资源、优越的区位和交通、宜人的气候和优美的环境以及发达的经济等。但山东省滨海城市旅游业在快速发展的同时也存在着一些问题制约着旅游事业的发展。我们要使山东省滨海城市旅游产业得到可持续的发展，需要合理确定各地旅游形象主题，重视旅游资源的开发，推动山东滨海城市旅游产业体系得到改善。

第一节 提升山东省滨海城市旅游产业竞争力总体战略

一、山东省发展滨海城市旅游的优势

山东滨海旅游带拥有中国北方乃至整个中国最优质的滨海旅游资源，邻近京津，与我国的主要国际客源市场日本和韩国隔海相望。丰富的滨海旅游资源、优越的区位和交通、宜人的气候和优美的环境以及发达的经济使其成为山东省滨海城市主要的旅游资源，同时也是山东省最具发展潜力的旅游资源之一。

（一）山东省有丰富的滨海城市旅游资源

1. 山东省滨海城市的自然旅游资源

山东省滨海城市海域辽阔，气候宜人。山东省沿海区域海域辽阔，横跨黄海、渤海。沿岸地区潮汐、波浪、海流多属中等强度，除不太适合开展冲浪运动外，像海水浴、潜水、游艇、摩托艇、帆板、垂钓等海上运动都可以开展。山东半岛气候温和、四季分明、光照充足、灾害性天气少，适合发展旅游业，具备发展夏季避暑度假旅游的优良条件。

山东省滨海城市海岸地貌奇特，海滩、浴场广阔。山东海岸带的海岸地貌

类型有基岩港湾式海岸、海积沙质海岸、平原淤泥质海岸以及独具特色的黄河三角洲海岸，其中以形态各异的海蚀基岩岸和海积砂质岸分布最多，是我国旅游开发价值最高的海岸地貌旅游景观带。海蚀基岩岸以蓬莱、长岛、芝罘、成山头、鳌山头、崂山头等处最富特色。在这些海岸中，海湾、沙坝、河口、海滨沼泽地等多种陆上及水下地貌类型非常齐全，沿海还有崂山、昆嵛山、大泽山、五莲山、大珠山等名山，山海相依，相得益彰。山东沿海有许多优良的海滩，这些海滩多由柔软舒适的中细砂组成。海湾内海水清澈，海底坡度小，浪平流缓；湾顶或是翠山环抱，或是低平开阔。山东优质沙滩主要分布在胶东半岛及鲁东南沿岸，目前部分市区沙滩开发利用较好，远离城镇的沙滩多数处于轻度开发状态，适于建立以休闲度假为主要功能的海滩度假区。

山东滨海的自然保护区和森林公园中有着丰富的动植物资源以及海洋生物资源，如黄河三角洲国家自然保护区和黄河口国家森林公园、长岛国家鸟类自然保护区、崂山国家森林公园等，不但植物种类众多，数量巨大，而且还栖息着大量濒危珍稀物种。

山东滨海的海岛秀丽。山东省近岸共有三百多个海岛，星罗棋布，其中多数为基岩岛。海岛风光优美，气候宜人，海产品丰富，为旅游避暑佳境，除可进行海岛观光外，还可进行海水浴、日光浴、赶海、垂钓、划船、赛艇、参观海珍品养殖场和鸟类保护区等活动，具有较高的开发价值。观光和旅游资源开发较好的岛屿有庙岛群岛、青岛灵山岛、竹岔岛、牟平养马岛、烟台崆峒岛、芝罘岛。

2. 山东省滨海城市的人文旅游资源

山东沿海地区历史文化悠久，近现代文明辉煌，是中国海洋文化的一个典型代表，具有较高的旅游价值。沿海许多城镇独具特色，如"国际啤酒城"青岛、"国际葡萄酒城"烟台、"首座国家卫生城"威海、"风筝之都"潍坊、"石油城"东营、"新兴港城"日照等。此外著名的渔港石岛、三山岛以及渔乡长岛等也以其特有的魅力吸引着众多的中外游客。

山东滨海城市有许多古代遗址、建筑和石刻。日照市两城新石器文化遗址出土文物丰富，代表中国古代文化发展的一个重要阶段。崂山上清宫、下清宫、太清宫是我国少有的道教庙宇。此外，福山三十里堡汉墓群、黄县归城遗址、秦始皇与汉武帝登临的芝罘岛、成山头、琅琊台、胶州牧马城、胶南的齐民城、即墨古城和汉墓群、田横岛等都是滨海人文旅游资源丰富的地区。人间仙境蓬莱阁是传说中"八仙过海"的地方，阁中有苏东坡等名人的书法碑刻，阁东侧建有水城，我国历史名将戚继光曾在此守备，现今码头、灯楼、炮台保存完好，加上海市蜃楼奇观时有出现，对游人颇有吸引力。这里的古代建筑体现了美观、朴实的民族风格，主要景点有始建于元朝的烟台毓璜顶古建筑群、清代的烟台博物馆、西炮台、威海刘公岛北洋水师提督署，庙岛宋代天后宫、宋代修建的蓬莱阁，明代的登州水城，崂山汉代太清官、宋代的太平宫，这些独具匠心的杰作，都使游客流连忘返。沿海地区还有著名的石岛九顶槎山千佛洞、文登圣经山月牙石刻、文峰山、天柱山北魏串崖石刻、寒同山石窟（神仙洞）、胶南石窟造像等一大批古代石窟石刻，其中文峰山、天柱山摩崖石刻为国家重点文物保护单位，在海内外享有很高的声誉，成为文化旅游胜地。

（二）山东省滨海城市有优越的区位和交通条件

山东滨海旅游带位居中国东部沿海，地理位置优越。山东半岛突出于渤海和黄海之间，与辽东半岛、朝鲜半岛隔海相望。山东省地处黄河经济带与环渤海经济区，在全国经济格局中占有重要地位。庙岛群岛位于渤海海峡，是守卫京津的海上门户和重要的海防前沿。山东半岛居于亚太经济圈西环带的重要部位，具有欧亚大陆桥桥头堡的重要功能，青岛、烟台、威海、日照等著名的山东沿海旅游城市是欧亚大陆桥东方桥头堡群的重要组成部分。山东是我国沿海对外开放的重要区域，也是拉动全省及相邻地区经济发展的龙头。另外，山东的海陆空立体交通比较发达、自然条件优越。经济发达的山东滨海地区易于集聚人流、物流和信息流，具有形成更广阔的游客源市场的区位优势。

（三）山东省滨海城市气候宜人，环境优美

山东滨海旅游带位于东亚暖温带季风气候区，四季分明，温和湿润，舒适宜人。尤其夏季高温日数少，具备发展夏季避暑度假旅游的优良条件，是我国著名的夏季消暑的胜地。另外，滨海环境比较优美，水质清洁，空气清新，阳光充足，滩面平坦沙细，绿化较好，海面风浪较小，远离城市，避开工业区、海水养殖区、城市排污口和垃圾堆场。这些环境条件都强烈吸引着厌倦了现代都市喧嚣、快节奏生活的人们。

（四）山东省滨海城市经济发达

山东滨海旅游带有滨州、东营、潍坊、烟台、威海、青岛、日照7个地级市和20个县级市（区）。由于自然条件优越，目前沿海已成为山东省经济最发达，对外贸易最活跃的地区。经过多年的发展，山东旅游产业已形成一定的规模，在很多方面都取得良好的成绩。沿海地区旅游收入占全省的一多半。山东滨海旅游业在全省国际旅游业中占据着重要的地位。山东省中部和东部地区的旅游业发展较好，需要完善自身，加强旅游合作，打造跨市旅游线路和品牌建

设；西北部和东南部地区需挖掘自身旅游资源的特色建设和完善基础设施。[①]

二、提升山东省滨海城市旅游产业竞争力的建议

(一)建立区域性的旅游协作机构，开发山东海洋旅游文创产品

鉴于区域内旅游经济发展不平衡以及交通区位、地区经济等综合因素，建议以青岛市为中心，由省旅游局、各地市政府共同参加并组建山东省海滨旅游区协作委员会。委员会负责制定区域旅游业发展规划和旅游开发计划，进行必要的市场分工；组织并协调各地的旅游开发建设和旅游产品组合，为实现旅游开发一体化提供组织保障；为各地市大型旅游企业的强强联合、实现集团化管理、发展规模经济创造条件。

1. 明确产品定位，实现产品的科学化发展

山东海洋文化旅游文创产品设计开发定位关系到产品开发的准确性、可实施性与科学发展，需要完成产品分类、设计团队、设计开发流程3部分的精准定位，是实现产品科学化发展的必要保障。企业一是需要充分了解旅游文创产品的类别与结构，结合旅游消费者对产品中便捷、实用、美观的三大功能的旅游消费的心理，将产品分为六大类：文化礼品、办公礼品、家居饰品、土特产品、旅游用品、生活用品；二是要组建完整的设计团队，针对山东四大沿海城市组成4个核心设计团队，每个团队要选定一个城市进行深入调研，分析海洋文化元素，细化分工与设计进度；三是要严格遵循科学化的设计开发流程：走访—调查—数据分析—整理归纳—市场定位—思维导图—设计草图—设计方案—方案市场反馈—设计改进与制作。在此基础上，企业要确立准确的顾客人群、产品类别、应用元素、文化宣传属性，着力实现文创产品的科学化开发。

2. 创新山东海洋文化元素的多维度应用手法，助力文创产品品质化转型

(1) 文创产品向仿真形象转化

从旅游消费的心理出发，消费者更乐于关注能直观代表当地特色的文创产品，注重产品能否直观表达"文化+情怀""文化+回忆"的城市记忆。企业抓住沿海城市的特征要素，将典型元素直接、直观地与旅游文创产品结合，采用质感精致摄影图片、摄影底片或仿真效果极高的微缩模型等形式直接赋予产品的表现形式，有效避免山东沿海城市旅游文创产品的低端化问题，有利于文创产品向品质化转型。

[①] 陈秀艳，王慧. 山东省旅游资源竞争力空间格局研究［J］. 经济研究导刊，2022 (35)：20-26.

(2) 文创产品向艺术特色转化

山东的艺术创作者可以借助不同的艺术手法来展现山东各个城市的特色元素，用自己的主观审美来选择水彩或漫画创作等形式来宣传山东各滨海城市的文化魅力，赋予山东各滨海城市新的活力。艺术创作者可以使用版画和木刻画等形式来描绘海洋，描绘滨海城市的历史人文，也可以使用艺术创作的形式宣传山东滨海城市的特产。艺术创作者还可以设计与滨海城市文化相关的文创产品，例如，在设计青岛文创产品时，可以将青岛典型建筑元素融入产品设计。[①]

(3) 文创产品向特有材质转化

山东的四大沿海城市的每个地区都有其特色化的地域材料，如青岛贝壳、日照黑陶、威海海草、烟台葫芦等都反映出山东沿海城市独特的城市特征。企业可以将山东沿海地区典型的材料元素应用于旅游文创设计中，以海洋文化的特有材质为设计依托，从设计载体根本上区别其他地区旅游文创产品，例如，旅游设计作品中日照黑陶材质与渔民捕鱼的场景、文化礼品的结合，青岛海石材质与代表人文景观模型、数码产品的结合，都将地区特有的地域材质应用文创产品的开发设计中，有效突出了山东沿海城市的特色，有利于产品向品牌化的转型升级。

(二) 合理确定山东省滨海城市各地旅游形象主题

沿海七市旅游资源丰富、景点众多，要按照突出特色、优化布局、资源共享、错位发展的原则，合理确定旅游形象主题，发展各具特色的滨海旅游业。青岛突出"海滨度假天堂旅游"主题，倾情打造"亚洲第一金沙滩"和"东方温情港湾"的旅游形象；威海突出"最适合人类居住的城市"这一主题，发展康体度假游和分时度假游；日照突出"海滨生态市，东方太阳城"旅游主题，重点开展中国北方最有魅力的太阳之城滨海民俗和避暑度假游；东营和滨州突出"神奇黄河口、生态大观园、梦幻石油城"这一主题，发展母亲河观光、滨州贝壳堤旅游、湿地生态休闲和油田工业旅游；潍坊以"世界风筝之都"为主题，打造中国民俗旅游胜地，以"国际蔬菜博览会"为契机，打造"中国菜园子"生态农业观光游。

冬暖夏凉的气候、秀丽的山海风光、富饶的物产和深厚的文化是山东发展滨海旅游的独特优势，要抓住旅游业迅速发展的机遇，加大开发力度，将海岸带建成各具特色、优势互补、接待能力大、创汇多，集观光、旅游、度假、疗

[①] 孟凌红. 山东海洋文化旅游文创产品的开发路径与设计实证研究 [J]. 旅游纵览, 2020 (6): 97-99.

养、会议、美食、科考、购物于一体，吃、住、行、游、购、娱配套的滨海旅游带。根据旅游资源特点及区位条件，按照突出特色、布局合理的原则，各区段建设的重点是：青岛要建设大型海上游乐园，完善崂山风景区，全面开发石老人、薛家岛、琅琊台等旅游度假区。烟台建设金沙滩、蓬莱国际旅游度假区，充实蓬莱阁与水域内容，建设养马岛国际体育中心；建设砣矶岛渔村风情旅游基地和以长岛航海、渔船、水族、候鸟、原始村落遗址为主的博物馆。威海重点建环翠、石岛湾、天鹅湖旅游度假区，恢复刘公岛北洋水师基地原貌。日照市应将山海关旅游度假区建成集旅游、度假、休闲、娱乐为一体的国家级旅游度假区。黄河入海口景区要开发河口观日出、黄河入海漂流、草原狩猎、骑马、大型垂钓、飞机游览等项目，并保护好自然景观。滨海旅游城市要突出旅游服务功能和旅游文化，保护好特色旅游景观，加强绿色和美化，使滨海地带成为档次齐全、服务优质的国内外一流旅游胜地。

（三）重视偏离大中城市的滨海海滩、海岛旅游资源的开发

解决大中城市滨海旅游资源过度开发的问题，需要重视偏离大中城市的滨海海滩、海岛旅游资源的开发。首先，山东省要在旅游资源调查的基础上，确定可开发偏离城市的滨海旅游资源和离大中城市较近的海岛；其次，山东省要改善滨海旅游新区的旅游交通条件和服务设施，增加对游客的吸引力；最后，山东省要做好旅游宣传工作。这些旅游资源的开发利用，不仅能够带动区域经济的发展，而且可以为保护滨海自然旅游资源提供强有力的资金后盾。

（四）重视国内市场，协调好国际与国内的旅游产业关系

客源是旅游业的根本，也是旅游收入增长的前提。遵循市场规律，山东旅游业应积极进行市场开拓。面对国际市场的变化，山东必须转变旅游资源与客源市场开发战略，更新促销手段和工作重点，以"面向世界、主攻周边、重点突破、务求实效"为总要求，形成以日本、东南亚国家和港澳台地区的周边市场为主体，以西欧、北美等市场为两翼的国际市场格局。山东省滨海旅游业处于起步阶段，在国际旅游市场上的吸引力和竞争力较差，而在国内旅游市场则是热点地区，因此要面向两个市场，立足国内，走国际和国内市场协调发展、相互促进的道路，最终使国内市场和国际市场并行发展。

（五）设计好山东省滨海城市旅游线路网络

旅游线路网络就是通过多样化的交通手段，主要是公路、水路和铁路，把分布的旅游区（点）连成一个总体。从目前情况看，滨海旅游区有五个入口，

包括青岛、潍坊、烟台、威海四个辐射中心和龙口一个辅助门户。青岛三面环海，海、陆、空交通便利，是区域的旅游开发中心，也是区域的南大门，游客可从海上、路上和空中抵达青岛，然后从这里向区域内辐射；潍坊是进入胶东地区的副中心，也是西大门，到潍坊可从济南、淄博经济线或济青公路直达，它是游览西部区域各景点的辐射中心；烟台、威海是胶东区域的北部和东部入口，游客主要乘航班或轮船从此进入胶东，它们是游览东部和北部各景点的辐射中心。龙口是进入胶东区域旅游的辅助门户，主要接待从天津、大连方向来的游客。旅游线路的设计，如果以青岛为旅游起点和辐射中心，可设计出以青岛市区为中心，以潍坊、烟台、威海、青州、龙口、石岛等市县为基础，联系胶东著名旅游区（点）的宏观扇状旅游网络，同时在较小范围内尽可能做出环状路线布置，以便游客能观赏到更多的旅游点而不走回头路。按此路线游玩胶东全部旅游景点至少需要半个月时间，游客也可根据自己的最好、时间、经济条件选择局部线段进行游览。实际上任何旅游者也不会一次游完全部的旅游点，所以只好"下次再来"，而这正是我们所期待的。山东要进一步明确区域各个分区差异化交通发展模式，适应交通需求，集约配置交通资源。[①]

（六）保护山东省滨海城市的海洋自然生态环境

海洋生态环境是海洋旅游资源赖以存在的物质空间。滨海旅游区之所以必须重视海洋资源与环境的保护，控制污染，是因为它主要依赖海洋旅游资源和良好的海洋环境质量来吸引游客。保护好海洋旅游资源和海洋生态环境不仅是为了长远利益，也是为了当前利益，这就要求政府一方面要正确地厘清开发与保护的关系，保证滨海旅游资源在开发过程中不被破坏；另一方面政府要控制滨海旅游区的游客接待数量，将其限制在海洋环境承载力之内，以维持生态平衡，保证旅游者的旅游质量，使滨海旅游资源能够永续利用，实现滨海旅游业的可持续发展。

（七）加强山东滨海城市旅游产业人才资源管理

1. 明确山东滨海城市旅游产业发展重点，实现对现有专业人才的培养

在新时代背景下，以前的人力资源管理和使用方式已经不能满足滨海城市旅游产业发展的要求，需要加强对高科技含量、高产业带动力以及低资源消耗

[①] 周琼，赵杰. 沿海城市海滨旅游区域交通发展策略探讨 [J]. 交通科技与管理，2021（3）：27-28.

等技术人才的应用，积极引导滨海城市旅游产业向着新的方向发展，从旅游发展的重点内容出发，实现对更多专业人才的培养。如，优化酒店、游乐产业管理品质，加强与旅游院校的交流合作，定期对旅游管理人才和服务人员进行专项培训，提高从业人员对职业生涯的合理规划能力、对管理水平和服务能力的不断提升，同时根据人才培养计划，引导企业定期向院校输送管培人员进行集中培训，提高中高层管理者综合素质；引进知名旅游集团公司、酒店管理公司及酒店品牌参与运营管理，推动酒店行业优化人力资源管理结构，以先进的管理思路与发展理念带动酒店整体发展水平提升；在对重大旅游项目进行运营时，需要对员工进行岗前培训，一般包括公司的情况介绍、公司各项制度、企业文化培训以及工作要求等内容，让他们在了解基本情况后，掌握更多的工作技巧，加强培训流动。

此外，企业在对人力资源进行管理时，还需要注意绩效管理工作，建立绩效考核机制，主要对工作人员的工作业绩和能力等基本内容进行考核，结合滨海城市旅游产业中的重点，强化他们的服务意识，从而加强人力资源在滨海城市旅游产业发展中的有效应用。

2. 提高山东滨海城市旅游产业人员招聘标准，实现人力资源的合理配置

人力资源作为滨海城市旅游产业发展的重点，已经成为促进旅游企业在市场稳定发展的主要内容。因此，在人力资源招聘时需要充分考量应聘者的综合素质和专业素质，规定招聘工作的内容，制定好岗位说明书，实现对整个人力资源的管理和整合。滨海城市旅游产业需要招纳更多的人才，结合实际的情况制定招聘计划，选择节约成本以及有效的招聘方式。[①]

由于滨海城市旅游产业发展的内容比较多，要想实现对人员的有效开发，企业需要开展培训工作，提高他们的综合素质，积极开展旅游业节能环保工作，建设资源节约型景区，实现对滨海城市资源的有序开发和应用；不断提高人员的工作效率，节约人工成本，积极发挥他们的职业技能，实现对工作人员的有效配置；不断加大资金投入，加大人力资源体制的机制创新，实现对人力资源一体化的管理。

---

① 邵丹丹. 加强人力资源管理提升滨海城市旅游业发展水平［J］. 经济管理文摘，2021（18）：99－100.

第二节 青岛市旅游产业竞争力提升策略

一、青岛市旅游资源分析

青岛是国家历史文化名城和著名的海滨旅游胜地，是首批中国优秀旅游城市之一。历史、民俗、乡情、节日庆典赋予青岛旅游丰富的内涵。青岛浓缩近代历史文化的名人故居，具有典型欧式风格的建筑，形成了中西合璧独具特色的美丽的海滨城市，素有东方瑞士之美誉。青岛旅游资源丰富，可概括为秀丽的山海风光、丰富的人文景观、风格迥异的多国建筑和五彩缤纷的节庆活动。

（一）青岛市山海相连，景色优美

青岛具有许多海湾和沙质海岸地带，具有蔚蓝清澈的海水、洁白细微的沙滩，还有与之相连的面积大小不等的陆域，不少陆域背后多连着翠绿的山丘，形成了既有水色，又有山景的旅游环境。靠近市区的山头开发较好，高低起伏，富有变化的地貌结构使滨海旅游者流连忘返。

（二）青岛市景文相融，内涵丰富

青岛"景"的魅力，除了其"红瓦、绿树、碧海、蓝天"的外在美之外，更在于其丰富的文化、历史。

青岛是一座历史文化名城，秦始皇曾三次登临琅琊台，汉代汉武帝曾在现位于青岛市城阳区的不其山"祀神人于交门宫"，并在胶州湾畔女姑山祭天拜祖，设立明堂九所。唐、宋、元、明清各时期，青岛崂山建立道院、道庵，太清宫成为当时全真派道教第二丛林。崂山有中国传统的道教文化，西汉五百义士殉葬的田横岛，被誉为石刻瑰宝的天柱山魏碑，春秋战国的齐长城遗址等既能使旅游者充分体验旅游乐趣又能回顾历史、体验其文化内涵。这些旅游景点，已陆续成为旅游观光和投资商高品质开发的热点。

青岛城区保留有众多德式、哥特式建筑。当年的馆陶路被誉为"金融街"，那里保留着许多老式的欧洲建筑。其中落座于丽景如画的信号山南边的迎宾馆，堪称博览会"镇宝"之作，由表及里无不充满着舒展流畅、粗犷华贵的艺术气质，将德国威廉时代的典型建筑式样、建筑材料与青年风格派手法融合的这部建筑经典，即使在今天的德国本土也难得一阅。现在德国侵占时期的总督府、

提督楼、天主教堂及康有为、闻一多、老舍、王统照等名人故居已相继对游人开放。

(三) 青岛市专项旅游项目丰富多彩

青岛除传统的观光旅游外,还有度假健身游、国际航船游、海上垂钓游、青少年修学游以及商务、会议、体育旅游等。除石老人国家旅游度假区外,青岛还开发了薛家岛、琅琊台、田横岛三个省级旅游度假区,仰口旅游度假村以及华山高尔夫球场、青岛国际高尔夫球场也已建成启用;已开辟的市区至崂山海上旅游线和直升机空中旅游线,形成了青岛陆、海、空立体旅游格局。除此之外,节庆活动正成为青岛的拳头产品,一年一度的青岛国际啤酒节、沙滩文化节、海之情旅游节、樱花会等节庆吸引了众多海内外游客。

青岛已经形成了"行、游、住、食、购、娱"综合配套的旅游业规范化服务;青岛旅游餐饮和旅游商品更趋特色化,已评选出"十大特色小吃"和"十大旅游特色商品";作为口岸城市,旅游交通十分便利,邮电、通信网络也十分发达。青岛旅游服务水平不断提高,市场秩序不断改善。市旅游投诉中心以维护游客合法权益为根本宗旨,已形成辐射全行业的投诉网络。青岛地铁旅游咨询服务中心在为游客提供旅游咨询、处理旅游投诉、为游客提供紧急救援、旅游纪念品展示等几个方面发挥窗口示范作用。

二、青岛市旅游产业发展的五大战略方向

(一) 发展青岛市滨海度假旅游

充分挖掘青岛的滨海资源,通过科学规划、主题开发、精细化运营滨海度假区和度假地,强化环境营造、功能分区和设施配套,促进产品体系的规模化、管理服务的系统化和度假目的地形象的品牌化发展。

1. 打造青岛市滨海旅游度假带

青岛市要以胶州湾群、灵山湾群、鳌山湾群为支撑,加快完善滨海度假带,全面提升凤凰岛、石老人两处国家级旅游度假区以及田横岛、琅琊台、灵山湾、大沽河四处省级旅游度假区的度假服务功能和景观价值。青岛市要重点打造疗养度假、养生度假、滨海度假、体验度假等系列休闲度假旅游产品。

2. 完善青岛市功能分区和设施配套

青岛市要结合度假区、度假地规划建设,布局度假酒店、度假村、自驾车房车营地、青年旅馆、生态庄园酒店和别墅式酒店等接待设施;推进实施海岸

带功能优化调整和环境综合整治，进一步完善滨海步行道、大沽河堤顶路、环湾绿道等城市慢行系统的旅游服务功能，提升海岸带的休闲功能和景观价值；推进街心公园、休闲街区、城市绿地等公共休憩区建设，优化城市旅游休闲环境。

（二）发展青岛市海洋休闲旅游

青岛市要统筹优势海洋旅游资源，加强基础设施建设，升级海洋旅游装备，构筑多元化的海洋旅游产品体系，形成海上旅游、海岛休闲和滨海度假优势叠加、功能互补、客源共享的海洋旅游发展格局。

1. 拓展壮大青岛市海上旅游

青岛市要加快构建旅游交通码头和游艇基地体系，促进海上旅游企业的集约化、规模化发展，规范航行、停泊、租赁等海上旅游业务，鼓励发展观光、娱乐、餐饮、婚庆、游钓等大众型海上游乐项目。青岛市政府要注重青岛旅游集团的发展，整合青岛海岸线的不同资源，积极建设青岛码头，丰富码头的功能，开设新的航线，扩大海上交通集散网络的规模，构建综合设施完备且有吸引力的海上娱乐基地，从而吸引各地游客前来旅游。青岛市政府要打造一个海钓基地，吸引不同地区的游客来青岛进行海钓运动；还可以举办和承办省市级游钓比赛活动，以增强青岛对外地游客的吸引力。

2. 示范开发青岛市海岛旅游

青岛市要构筑岛、海、陆统筹联动的规划发展体系，建立海岛开发建设的引进和退出机制，积极稳妥地实施海岛开发示范工程，按照"保护优先，开发服从保护"的原则，有选择、分步骤地对海岛旅游资源进行保护性开发，加速推进田横岛的二次旅游开发，推进大公岛、大小管岛、竹岔岛、灵山岛、斋堂岛等的海岛生态保护修复工程，突出特色和主题，配套发展海岛度假旅游，完善码头、水电等基础设施建设，开发海岛休闲度假、渔村民俗、环岛观光、生态休闲、地质科普、野营垂钓等产品。

（三）发展青岛市品质乡村旅游

青岛市要实施乡村振兴战略，推进城乡统筹和旅游精准扶贫，延伸乡村旅游产业链条，挖掘文化内涵，打造精品项目，推动新业态新产品，拓展产业链条，持续提升乡村旅游的品质和综合价值。

1. 优化青岛市乡村旅游空间布局

青岛市要依托环城游憩休闲圈、远程度假休闲圈布局安排，健全乡村旅游发展规划体系，培育以景点、休闲区、旅游街区、旅游小镇等不同旅游功能区为架构的乡村旅游目的地系统，实现乡村旅游全域空间联动，实现分散发展格局向集聚片区发展格局转变。

2. 培育青岛市乡村旅游精品典型

青岛市要发展具有历史记忆、地域特点、民族风情的特色旅游小镇与特色旅游村，打造富有地域特色的精品乡村旅游项目，促进乡村旅游产品由浅层生态观光向深度体验与休闲度假转变，由低附加值形态向高附加值形态转变；重点发展渔家风情、山林山岳、滨河生态、温泉养生、田园农耕、历史民俗六大类产品；深入挖掘整合果蔬采摘、赶海拾贝、农（渔）事活动、民俗节日等资源，积极开展乡村旅游节会活动。

（四）发展青岛市融合创新旅游

青岛市政府要充分发挥旅游业的积极作用，使青岛的旅游业能够与其他产业进行融合，使青岛的旅游业能够获得更高的开放性，打破自循环发展模式，吸取其他产业的优势。青岛旅游产业可以与农业、工业、体育业进行深度融合，建立良好的合作关系，借助其他产业的优势发展自身，从而产生旅游新业态，创造出更有竞争力的融合型旅游项目。

（五）发展青岛市输出服务旅游

青岛市政府要立足青岛争取国家中心城市定位，围绕建设国家重要的区域服务中心目标，集聚优势旅游产业要素，培育壮大青岛龙头旅游企业，借助青岛在旅游资源开发、景区运营、酒店管理、接待服务、标准规范等方面的优势，扩大服务半径，培育输出服务旅游动能，打造输出服务旅游品牌，构建以青岛为主体的"资源共享、客源互送、信息共用、合作共赢"的区域旅游新格局，实现青岛旅游"走出去"的目标，发挥青岛在区域旅游中的引领作用，将青岛打造成区域性输出服务旅游高地。青岛市要推进旅游企业品牌输出，大力培育扶持本土旅游企业品牌，推进企业国际化、市场国际化、产业国际化，打造全方位、深层次、立体式旅游开放格局；大力推进连锁经营、特许经营、加盟经营等现代经营方式和集团化、网络化、品牌化运作，支持餐旅企业管理输出和域外投资；鼓励青啤博物馆积极"走出去"，依托资源和品牌优势，打造"青啤梦工厂"和"青啤体验中心"，拓展青岛旅游服务半径。

三、提升青岛市旅游产业竞争力的建议

(一) 统筹青岛全市旅游资源,实施旅游全域化战略

一是统筹旅游服务设施建设运营。青岛市要推进核心旅游线路公共交通服务设施建设,加快入城口及交通枢纽大型旅游换乘中心建设,形成地铁、公共汽车、出租汽车、水上巴士、公共自行车共存的城市大公交体系;推进主城区景点旅游淡季向市民优惠开放,使市民可凭身份证、学生证、军官证等优惠或免费进入景区游览。二是培育精品乡村旅游产品。青岛市要以大沽河为中轴、特色村、风情小镇、精品区块、精品线路为重点,推进乡村旅游与现代农业、历史人文、生态风貌相结合,重点发展"鲜多多""开心农场"等农家乐综合体、莱夷古文化之旅、大沽河生态旅游带、莱西湖滨湖湿地旅游等产品;加快旅游驿站建设,满足自驾游等市场需求。三是完善区域旅游合作机制。青岛市要建立半岛互联互通的旅游交通、信息和服务体系,加强区域性客源互送,形成以青岛为中心,向周边城市辐射的旅游网络。青岛一批新的旅游景点和旅游项目的形成将极大促进旅游业发展。[①]

(二) 全面建设青岛市基础设施

完备的基础设施建设已经将青岛的旅游接待能力水平提升到了一个新的高度,具备了国际旅游接待的环境和基础设施。这为青岛旅游业更新、更快、更好地发展奠定了最好的基础。但市区内,尤其是四方区、李沧区的旅游环境并不乐观,旅游设施也不够完善。另外,青岛市的部分县级市也有待开发的旅游资源,具有发掘潜力,但经济发展缓慢等问题导致其旅游开发有诸多困难。因此,旅游设施的建设与完善应不仅仅是放在沿海这一局部地区,还要扩大到市内各区。

(三) 青岛市要建设智慧旅游城市,培养旅游人才

青岛市要推进全市网络基础设施建设,构建多层次、全覆盖、宽带、智能、安全、融合的信息高速公路,提升景区、酒店、旅游度假区等重点场所免费Wi-Fi覆盖率。一是搭建智慧旅游管理平台,建设全市旅游休闲云数据中心,加快开发电子政务系统、游客流量监测系统、旅游安全监管系统、导游服务系统,

---

① 程国有.突破青岛旅游业发展瓶颈[J].商周刊,2019(10):68-70.

实现旅游监管的过程化和实时化。二是创新智慧旅游服务模式，鼓励崂山等重点景区与携程旅行网、龙骧集团等OTA龙头企业开展D2D合作，开发具有电子地图移动导航、景点解说、虚拟旅游体验、预定和交流互动功能的移动APP，打造"从出发地到目的地直通链条"，实现线上购票、线下直通一体化服务的旅游模式。三是建设智慧旅游营销网络，加强与淘宝旅行等第三方服务平台合作，加大青岛旅游推广力度，扩大旅游在线交易市场规模。

21世纪，最宝贵的是人力资源。因此，旅游人才的开发也变得极为重要。优秀的管理人才和技术人才是不可或缺的重要部分，旅游产品的开发，旅游接待设施的设计等，都需要有优秀的管理和技术人才。而加强旅游从业人员的培训，提高旅游从业人员的素质是增强旅游核心竞争力的又一关键性问题。增强青岛旅游核心竞争力从根本上来说，是提高青岛旅游业的综合性接待能力水平，这其中，服务水平的高低，旅游从业人员素质的高低直接影响游客对青岛旅游接待能力的评价。周到的服务对作为第三产业的旅游业来说影响是深远的。

（四）加快青岛市旅游服务业发展，培育多元化消费热点

一是旅游+文化：推进青岛万达文化旅游城、凤凰岛影视文化产业基地建设，探索与观印象、山水盛典、宋城演艺等旅游演艺机构合作，创作"印象青岛""崂山禅茶""凤凰岛之夜"等大型旅游文化演艺项目，鼓励影视众筹发展。二是旅游+金融：加快旅游移动支付业务发展，探索发行"青岛旅游乐享卡"，提供存取款、投资理财、刷卡消费等多种金融功能，实现覆盖岛城"吃、住、行、游、购、乐"优质特惠服务；扩大外币银行卡使用范围，实现主要景区、酒店饭店、商务中心、特色街区等外币银行卡刷卡功能。三是旅游+时尚消费：优化提升滨海岸线走廊、奥帆中心、中山路—大学路—福山路、香港中路—大田路—闽江路等时尚消费旅游线路，推进时尚生活馆、国别购物、主题购物、品牌旗舰店、免税店、跨境电商直销超市等建设，叠加发展时尚秀、艺术展、体育赛事等时尚活动；推进时尚纪念品开发，打造"青岛礼物""青岛美食"等具有全国影响力的时尚经典品牌。

青岛市要创新旅游产品。旅游产品的创新，是旅游目的地永葆新鲜度的秘籍。青岛早先以"山、海、城、文、商"为指导，以观光旅游、海上旅游、度假旅游、会议博览旅游、特色节庆旅游、体育赛事旅游、文化及科普教育旅游、生态旅游、工业旅游、购物旅游为开发重点，使旅游产品具有多样性，从根本上丰富青岛旅游的可选性，满足不同游客的多种需求。目前青岛旅游业也遵循这些理念，健康而平稳地发展，并且还着力开发以奥运为主题的旅游专线，令岛城的旅游产品更加多彩。旅游产品不断推陈出新，才能吸引更多的海内外游客，创新是发展青岛旅游核心竞争力的重要手段。

在当前竞争激烈的经济社会当中，青岛需要有自己特有的物质文化内涵，作为吸引海内外游客的焦点。我们要借此佳机，将青岛在更广阔的世界范围内介绍出去，令世界不只知道青岛，还要有了解青岛的欲望。

（五）加大改革创新力度，完善青岛市旅游市场监管体系

一是建立旅游市场综合治理机制。青岛市要整合全市旅游执法力量，成立市级旅游发展委员会，建立旅游市场综合治理机制，推进工商、旅游、交通、海洋等主要监管部门建立旅游市场常态化的制度建设，完善暗访、举报、曝光、检查、联合执法、督办问责、旅游警察协助等机制，严厉打击价格欺诈、欺客宰客、非法"一日游"等不法行为，落实游客不文明行为记录制度。二是推进旅游市场管理模式创新。青岛市要成立青岛市旅游调度指挥中心，实现12301旅游服务热线、12345政府服务热线与12315消费投诉举报热线互联互通，畅通24小时旅游咨询投诉渠道；设立旅游警察支队，组建旅游巡回法庭，建立快速协调反应机制，成立半小时到位应急处理小组，提升旅游投诉办结率和满意度。三是加快旅游标准化建设。青岛市要推进"青岛市旅游条例""星级导游员管理办法""主题酒店建设标准"等标准制定，提升宾馆酒店、景点景区、旅行社等管理服务水平。

（六）大力开发青岛海洋旅游

1. 提高游客的参与度和体验感

针对海洋旅游形式过于单一，游客参与度不够的问题，在海洋旅游开发过程中，应依托现有资源，引导游客参与，重新发挥现有资源的价值。例如，普及帆船运动，依托奥帆基地的海洋资源以及知名度，将帆船运动发展成为青岛的特色运动项目，通过增加年度的帆船赛事，为帆船运动提供更加容易参与的运动设施，降低这项运动的门槛，吸引更多民众和游客参与到这项运动中来，由此来提高游客的参与度和体验的沉浸感，形成别具特色的旅游项目。同样，针对海滩类旅游资源，青岛市可以开发赶海拾贝、捕鱼拉网等会场类海滩旅游项目，提高游客在海滩游玩过程中的参与度，增强娱乐性，形成良好的游客体验感。

2. 促进海洋文化与旅游的深度融合

青岛市要树立海洋城市的旅游发展理念，将海洋知识和文化融入城市的方方面面。首先，青岛要加强海洋知识的普及，让游客在整个旅游过程中能够了解关于海洋的知识，进一步培养讲解员，为海上文旅植入文化内涵。其次，青

岛可以结合最新的关于海洋气候和潮汐规律的研究,让游客接触海洋前沿知识,加深游客对海洋的认识,在游客心中形成海洋科技城市的印象。最后,青岛要利用青岛海底世界、青岛海军博物馆等海洋历史文化资源,开发海洋历史文化旅游项目,让青岛海洋文化城市的形象深入游客心中。

3. 丰富青岛海洋旅游业态

针对海洋旅游开发过程中缺乏创新的问题,青岛在未来青岛海洋旅游的开发和规划上,应该增加新兴海洋水上旅游项目,如加快发展帆船、游艇、皮划艇、潜水、冲浪、动力伞、水上自行车等海上旅游项目,提高游客海上娱乐活动的体验感;规范海上垂钓,优化潜水经营审批程序,加快崂山沿海一线海洋旅游项目开发。同时,青岛未来要放大海上航线对人流的引导作用,打造海上文旅的"产业路由器",在串联城市沿海景点的同时,引入餐饮、住宿、研学等业态,并联潜水、滑翔伞、海上元宇宙等项目,进一步丰富海上消费场景。①

(七) 注重青岛啤酒博物馆旅游资源

1. 青岛啤酒博物馆运用数字技术使游客体验更加多元化

随着科技的发展,青岛啤酒博物馆和数字技术的融合可以更好地优化游客的参观体验,可以利用虚拟现实技术(VR)和影像展示,让参观者更深入地了解啤酒的历史文化、制作过程和品尝技巧等。青岛啤酒博物馆通过虚拟现实技术,可以将参观者带到啤酒制作现场,并且可以通过特定的设备,让参观者模拟啤酒酿造,深入了解啤酒酿造的技术与知识。

2. 组建高素质人才队伍,提升青岛啤酒博物馆服务质量

打造高素质的旅游服务人才队伍,是青岛啤酒博物馆持续提高旅游服务水平的重要保障。首先,青岛啤酒博物馆应选拔高素质的旅游服务人才。山东是教育大省,全省高等院校数量在我国名列前茅,青岛啤酒博物馆需要与高校加强合作,定期进行人才交流,拓展复合型专业人才培养途径,为博物馆的高素质专业人才队伍增添新血液,在选拔后开展专业培训,使员工学习和熟悉啤酒的历史、文化和技术,培养员工的专业素养和服务技能。博物馆在培训员工的同时,应该制定专业的服务标准和岗位责任清单,明确服务流程和服务质量要求,针对员工服务中的薄弱环节,需要开展常态化的培训、学习和练习,使员工的服务水平保持在最佳状态。

3. 挖掘啤酒文化内涵,创造有"灵魂"的青岛文创产品

文创产品是文化旅游产业的重要组成部分,不仅可以展示当地的独特文化,

---

① 李瑶. 青岛海洋旅游开发研究 [J]. 旅游纵览, 2023 (6): 99-101.

还能为旅游目的地提供可观的经济收益。首先，博物馆要深入了解青岛啤酒的背景和特点，这样才能设计出具有代表性和个性化的文创产品。其次，文创产品的设计，不仅要注重市场需求调研，还应注重创意性、趣味性与功能性的结合，例如，设计一款有"青岛啤酒"字样和博物馆LOGO的啤酒杯，既能满足游客的功能需求，又能展现青岛啤酒文化的特点。[①]

第三节　威海市旅游产业竞争力提升策略

一、威海市旅游产业发展的优势分析

（一）威海市政府相关政策的支持

为促进旅游业的积极发展，响应国家关于旅游方面的号召，威海市政府陆续制定出台了多种政策。在《关于加快旅游业发展的意见》政策中，将旅游业纳入全市"三大基地"和四大支柱产业，这标志着威海旅游业已经成为威海市的支柱产业。出台的《关于推进全域旅游发展的意见》等，明确了全域旅游发展模式，优化了供给体系、服务体系、管理体系和共享体系等，使威海市旅游业的总体发展思路更加清晰。威海市制定的《威海市全域旅游发展规划》《威海市"千里海岸线"旅游专题策划方案》《威海市旅游国际化发展战略行动方案》等多个纲领性文件，进一步推进威海旅游的全方位发展，充分利用威海旅游资源的优势，推动威海旅游逐步迈向国际化。一系列政策的颁布标志着威海对于旅游业的重视，这对于威海旅游业未来积极、健康地发展具有重要的促进作用。

（二）威海市具有丰富的自然资源

发展休闲旅游的首要前提和条件就是优越的地理位置和便捷的交通条件。威海市位于山东半岛的最东端，突出于黄海中部，北、东、南三面都濒临黄海，海岸线长。沿海周边有许多海岛。威海属于北温带季风性大陆气候，冬暖夏凉，非常适宜人类居住以及季节性旅游。

威海的交通十分便捷，目前海运、空运、公路、铁路已经连接成为一个全

---

① 张睿冬，何曦. 青岛啤酒博物馆旅游发展研究[J]. 漫旅，2023，10（8）：61-63.

面、立体的交通网络。威海气候适宜,有"花园城市"之称,且由于没有引进大型工厂以及重型工程,海水未受到污染,是中国最干净的城市之一,获得过联合国人居奖,被评为最适合人类居住的城市。威海的海水浴场水质优良,且沙滩的沙砾细软,非常适合游客进行沙滩休闲娱乐。除滨海资源外,威海还有其他优秀的旅游资源可作为重要补充,促进旅游经济的发展。

(三) 威海市的风景名胜众多

威海旅游资源丰富,有海岛海岸、城市园林、历史遗迹、民俗风情等十多种类型。拥有国家5A级景区1处。威海市中心城区高区的威海国际海水浴场、下辖市乳山银滩、下辖市文登小观金滩都属于中国北方有名的海滩。刘公岛是天然植物王国,被誉为"海上森林公园"。海驴岛有"海鸥王国"之称。胶东半岛有14处温泉,威海就有9处。境内的成山头有"东方好望角"之称。境内千公里海岸线上,有中国近代第一支海军的诞生地,有刘公岛、秦始皇东巡过的东方好望角"天尽头"成山头、有中国道教全真派发祥地圣经山、有亚洲最大的天鹅栖息地天鹅湖、大东胜境——铁槎山、天下第一滩——银滩等名胜景观。威海形成了"一线(上千公里海岸线)、六区(中心城市、海滨生态、渔家风情、温泉疗养、传统文化、休闲度假)"的旅游格局。

(四) 威海市有厚重的历史文化

威海境内的古文化遗址及出土文物表明,早在新石器时代的中后期,威海一带已有了比较发达的原始文化。如今,威海政府重新修建了环翠楼公园、北洋海军提督署和收回威海卫纪念塔等名胜文物古迹,以建设"千里海疆长廊"为主线,使群众文化蓬勃发展,民俗文化、特色文化得以传承和发展。

二、提升威海市旅游产业竞争力的对策

(一) 开发独具特色的威海旅游项目及产品

威海市市要充分利用威海所拥有的滨海沙滩和海岛优势,大力开发滨海沙滩资源和海岛资源,根据各个滨海沙滩和海岛所具有的不同的景观特色来开发沙滩休闲、海岛垂钓、海底探险等旅游项目;大力推广海洋体育旅游项目,积极策划并承接帆船、划艇、冲浪等海洋体育赛事,这样不仅可以提高威海的知名度,也可以吸引国内外的游客和选手领略威海的滨海风光。威海的海产品及渔具等在国内有很高的知名度,因此威海应该充分利用这种优势,推出具有威

海特色的滨海旅游产品，在产品保质保量的情况下，做到种类丰富、包装精美、纪念价值高，使滨海旅游产品逐渐成为威海旅游的一个代名词。①

（二）完善威海旅游基础设施的建设

滨海旅游业能否深入发展的一个关键点就是基础设施建设是否完备。威海为了促进滨海旅游业进一步的发展，需继续完善住宿、餐饮、交通以及其他公共基础设施；对住宿业、餐饮业进行合理的定价，严防漫天要价的现象发生；对周边宾馆进行定期检查，发现问题宾馆立马整顿，确保在吃、住两个关键点上给游客留下深刻印象；对垃圾桶和公共厕所的数量要进行合理设置，避免某一景区太过密集或过于分散，且公共厕所要保持整洁。威海市在注重硬件设施建设的同时还需关注软件设施，注意保护海洋生态环境，建立滨海旅游环境评估体系，由政府统筹规划，避免盲目、过度开发而导致海洋生态环境的破坏。

威海市在环海一圈规划了滨海旅游公路"海景线"，在西部区域规划实施西部环山公路"山景线"。山景线和海景线建成后，构筑起"一环促一网、一网带全域"的精致城市发展框架，实现了公路路网与乡村振兴、全域旅游的充分融合。威海市在原有环海公路基础上进行优化提升，主线以G228丹东线为轴，沿海岸线串联起逍遥湾、那香海、成山头、天鹅湖、桑沟湾、银滩、大乳山等旅游景区，打造一条独特的滨海景观通道，助推以海为元素的临海、亲海、品海等海洋主题旅游项目，实现长足发展。目前，威海市海景线已基本建成。海景线主线起于高区初村镇，途经高区、环翠区、经区、荣成、文登区、南海新区、乳山，止于乳山口大桥。

威海山景线始于烟台威海交界，途经高区、文登区，止于乳山市海景线终点乳山口大桥。山景线沿西部山区串联起里口山、昆嵛山、岠嵎山、圣经山、圣水宫、大乳山、马石山红色教育基地、下石硼村、胶东育儿所等多处旅游景区和红色景点，将公路的通达功能与旅游路的功能定位有机结合，助推以山为元素的登山、探险、采摘等运动主题旅游项目和以"红"为元素的亲子、寻根、体验等革命传统教育旅游项目融合发展。威海市加快提升全域旅游公路网。在加快建设海景线和山景线的同时，威海市对国省干线路网和县乡路网进行"公路+旅游"功能全方位提升，完善公路安全防护和旅游服务设施，实现景点之间串珠成链、全域覆盖、快速通达，打造路路皆景的"全域旅游公路网"。在普通国省道方面，威海以全域干线路网为基础，以"一条路一个主题、一条

---

① 刘宗宇，付玉成，杨丽中，等．威海滨海旅游发展分析及对策［J］．海洋开发与管理，2021，38（5）：14-18.

路一个特色、一条路一个景观"为目标，完善慢行系统、驿站、营地等，构筑"车在画中行、人在景中游"的景观长廊；在县乡公路建设方面，扎实推进"四好农村路"建设，按照"建好、管好、护好、营运好"的原则，实施路网提档升级、自然村庄通达、路面状况改善和运输网点布局"四大工程"，助力农业更强、农村更美、农民更富。[①]

（三）推动威海旅游产业转型

威海一是要高端旅游项目上档升级，促进"旅游+"跨界融合渗透，推进黄金海岸提质、乡村旅游提升、景区旅游提标，开发工业旅游、红色旅游、冬季旅游、夜间旅游等系列产品，全面推进旅游业创新发展；二是"三线一环"让"农区"变景区，围绕"山景线、海景线、红色线、环城带"，将全市农业现代园区、休闲基地等串珠成链，设计形成"三线一环"乡村旅游精品线路；三是产业融合让各行业皆"风景"，以"四季康养"为主题，推出特色康养菜品，创建中医药健康旅游示范区，培育近海游轮游艇等休闲产品，探索开展滑翔伞、热气球、直升机等低空飞行体验项目；四是4A级以上景区建高标准旅游购物商店，推广具有威海特色的旅游商品，推动农林牧副等产品向旅游商品转化，开展"乡村旅游后备箱"工程，即让自驾游乡村的游客返城时在后备箱捎带上当地特色产品；五是建设智慧旅游公共服务平台，该平台集信息服务、产品展销、在线预订、行业管理等功能于一体，为游客提供一站式服务，全面提升旅游业信息化水平；六是创新旅游推介宣传，将知名景区、旅行社、饭店等竞争力强的涉旅企业联合抱团，组建威海旅游营销联盟。[②]

（四）加强威海市政府的组织引导作用，加强海洋管理

政府的组织和引导作用是威海市滨海旅游业发展中的重要一环，虽然威海滨海旅游资源丰富，但是由于缺乏系统的组织和科学规划，滨海旅游业尚未步入正轨，相比于周边其他城市差距较大。政府应充分发挥组织和引导作用，根据滨海旅游市场的现状，制定相关的发展战略，并出台相应的优惠政策支持相关产业的发展，同时注重资源的分配和整合，为滨海旅游业的进一步发展创造优良的环境。其次政府要加大宣传力度，由政府主导，通过"传统媒体+互联

---

① 王通，王怀国，王斌，等.山海相逢，山东威海打造精品旅游公路［J］.中国公路，2020（24）：102-103.

② 王颖，常宇靖.借鉴威海全域旅游经验秦皇岛旅游业转型升级研究［J］.河北旅游职业学院学报，2020，25（1）：18-21.

网"的方式,对威海市的滨海旅游业进行宣传,在机场、车站、码头等出口处放置威海滨海旅游地图册,并可在威海市地标建筑附近设置户外广告,对外来游客进行全方位宣传。威海市还可以与周边其他滨海旅游城市进行联动,以此来扩大威海滨海旅游的关注度和影响力。

威海市一是要整合涉海管理领域执法队伍,组建市海洋与渔业监督监察支队,推动"一支队伍"管执法。除增强一线执法力量外,政府还要建立联合执法机制,遇有重大或紧急执法活动,最大化集中调度、派遣执法人员,构建一体化、专业化、高效率的执法监管体系。政府二是要提升人员装备资源使用效益,统一调度使用执法人员、执法车船,海陆执法巡查"一把抓",有效解决执法人员、装备不足的难题,避免重复建设。政府三是建设海洋与渔业监控平台。渔船安装新型 AIS 船舶自动识别系统和北斗卫星定位系统终端,可全天候监控,执法效率大幅度提高。

(五) 引进和培养高素质威海旅游产业人才

在当今文化旅游的新时代背景下,旅游业对具备旅游高级技能和高水平运营管理的旅游人才需求非常旺盛。在新时代中,旅游人才的引进和培养是衡量一个地区旅游业是否具有竞争力的一个重要因素。首先,威海应注重培养威海当地的旅游人才。本地人才对本市的旅游情况相对来说掌握较多,可以更快地融入当地的旅游建设中。其次,政府应制定一系列的优惠政策,完善人才引进制度,引进优秀的旅游人才,并提高引进人才的福利,为引进人才的工作和生活创造良好的环境。此外,威海旅游企业还需与高等院校中的旅游相关专业合作,开展人才培养,建立属于本市的旅游人才培养基地,以保证旅游人才的供应。

旅游专业人才要立体式发展威海旅游,提升威海旅游目的地的竞争力。威海人的性格、威海的传统生产方式、威海的海滨风光、威海的海滨饮食、威海城市建设等无一不是吸引游客的好材料。旅游专业人才要综合这些因素,全方位打造威海旅游特色,形成独特的威海人居形象。

第四节　烟台市旅游产业竞争力提升策略

一、烟台市的旅游资源分析

(一) 烟台市的自然资源

烟台具有优越的自然生态环境。烟台市面积较大的海湾有太平湾、龙口湾、套子湾、芝罘湾、丁字湾等。烟台市区绿化覆盖率、垃圾无害化处理率较高。芝罘岛三面环海，南面连陆，是我国最大、世界最典型的陆连岛。主要旅游资源有天然形成的月牙湾、婆婆石、石门春波；有经海风、海浪多年侵袭形成的海蚀礁、海蚀洞；有阳主庙、射鱼台。养马岛位于牟平区宁海镇以北海面上，四面环海，丘陵起伏，山海秀丽，气候宜人，相传秦始皇东巡曾在此养马，因而得名。崆峒岛主岛呈丁字形，周围由十几个小岛拱卫。海岛的景观十分奇特，而且岛与岛之间相距较近。昆嵛山是国家级森林公园，昆嵛山的旅游资源有四大特点：一是道教文化名山；二是自然景观壮美；三是林木资源丰富；四是山泉众多，泉水甘甜。

(二) 烟台市的人文资源

蓬莱阁坐落于蓬莱城北濒海的丹崖山巅，为中国古代四大名楼。主要景观有"仙阁凌空""海市蜃楼""狮洞烟云""渔梁歌钓""日出扶桑""晚潮新月""万里澄波"等。

蓬莱水城位于蓬莱市区西北丹崖山东侧，是国内现存最完整的古代水军基地。民族英雄戚继光曾在此训练水军，抗击倭寇，蓬莱水城由此而扬名海内外。

登州古市：水城旧为登州古港，历代商贾云集，市场繁盛。小海东岸的小街南端立古牌坊，坊额书"登州古市"。

烟台市博物馆：原为福建会馆，又称天后行宫，会馆结构典雅，雕饰精美，具有闽南建筑的独特风格。梁柱之间的以神话传说、民间故事、历史人物为题材的木石雕刻巧夺天工，匠心独具，具有极高的艺术性。

张裕酒文化博物馆：张裕公司的白兰地、红葡萄、雷司令、琼瑶浆荣获"巴拿马太平洋万国博览会"金质奖章和最优等奖状。百年地下大酒窖和酒文化展厅，展示了中国酿酒工业的百年辉煌历史。

毓璜顶公园：又名小蓬莱，坐落在芝罘区中心南部的毓璜顶上，是保留较完整的元代古建筑群。主要建筑有小蓬莱坊、玉皇庙和玉皇阁三部分，置身其间犹如入蓬莱仙境。

二、提升烟台市旅游产业竞争力的对策

（一）突出烟台旅游发展优势，制定科学的发展规划

烟台旅游资源丰富，但发展不均衡，特色不突出，需要在体制改革和机制创新方面有所突破，按照打造"文化强市、旅游大市"的发展思路，坚持高点定位，制定科学合理的旅游产业发展规划。政府要对烟台市旅游资源的发展基础、发展形势、发展目标，尤其是利用现有文化资源发展旅游产业的发展重点做详细剖析，为烟台的文化旅游产业发展奠定理论基础，给予发展指导，实现文化、旅游、经济的有机融合，推动三者的健康有序发展，达到互利共赢的效果。

（二）打造休闲旅游城市，吸引游客来烟台

烟台构建"休闲型"城市是对烟台城市性质、特征、功能的科学定位，对于开发休闲产业的巨大市场，促进旅游观光、文化娱乐、体育健身、教育培训、社区服务以及商贸零售、金融保险、电子信息等众多产业的发展，必将起到巨大的推动作用。烟台环境优越、旅游资源丰富，作为著名风景旅游城市和经济保持强势增长的城市，构建"休闲型"城市的优势极为明显。首先，烟台具有深厚的休闲文化氛围。休闲文化是休闲城市的灵魂。烟台是国内外休闲文化、休闲传统比较深厚、比较浓郁的城市之一。自明朝开始，烟台就以仙海文化、精武文化著称于世，吸引了无数文人骚客、社会名流来游览、观光、休闲，或海上泛舟或书院求学或酒肆对酌，展现了一幅休闲、安逸的历史画卷。

烟台构造"休闲型"城市需要采取一些有效的对策。首先，烟台对内要培育现代化的休闲理念，对外要打造烟台休闲城市的品牌形象。其次，烟台要完善标准化的休闲设施。根据打造"休闲型"城市的要求，全面提升交通、通信、宾馆、饭店、公园、会展中心、游乐场、步行街、文化、体育、娱乐、健身等基础设施，进一步增强城市的旅游休闲功能；积极推进轻轨等现代化交通设施建设，改善市中心区交通状况，增开烟台莱山国际机场国际航线，增强国际游客的可直达性，促进交通口岸的国际化；加强居民区公共场地、活动中心

建设,增设健身苑(点),搞好居民区和公共场地的绿化美化,完善城市广场的休闲功能,为居民提供良好的活动休闲场所。

(三) 创新文旅项目,打造烟台特色旅游品牌

1. 打造仙境海岸

烟台要重点打造以仙道文化和滨海旅游为核心的仙境旅游、仙道文化体验、滨海休闲度假、滨海特色居住等旅游产品,把仙境海岸旅游产品建设成为烟台市特色主打旅游产品、山东省"仙境海岸"旅游品牌的引领产品、国内一流的海洋休闲度假品牌,全国海洋旅游示范基地。

2. 打造葡萄酒城

烟台要集中力量发展以葡萄种植和葡萄酒产业为核心的葡萄园休闲、葡萄酒文化体验、葡萄酒节庆、主题娱乐、葡萄酒庄园度假等旅游产品,把葡萄酒城旅游产品打造成烟台市特色主打旅游产品、国内著名的葡萄酒旅游产品,与滨海旅游结合,打造世界知名的葡萄海岸。

3. 打造海上丝路

战略性发展以烟台市为"东方海上丝绸之路"起点,以开埠文化、港口文化、丝路文化为核心的历史文化旅游产品。政府要充分发挥烟台现代港口和工业发展优势,打造以工业旅游为核心的现代"海上丝绸之路"旅游产品,将烟台打造成"东方海上丝路"的起点。

4. 打造胶东乡村

烟台市要快速推进以烟台广大的乡村田园和特色果业种植为依托开展的乡村旅游产品建设,作为烟台市重点提升的旅游产品,将烟台乡村打造成山东半岛重要的乡村旅游目的地。

烟台是一座美丽的海滨城市,这里的乡村山色、海色、城色相融,岛景、林景、泉景相融,有着浓厚的人文历史底蕴及纯朴的民俗风情。据此,我们可以把烟台市的乡村旅游地形象定位于融入文景观与自然风光为体、生态环境优美的旅游度假基地。烟台农户要学习培训课程,转变思想观念。烟台市政府要推进乡村图书馆建设,召开专家讲座,举办农业创意竞赛,为农民在发展现代农业和乡村旅游业结合的过程中提供强大的知识后盾。①

---

① 杨鑫,范文亮,班晴,等.鲅鱼圈区乡村旅游业发展中存在的问题及其对策[J].南方农业,2020,14(24):88-89.

（四）创新宣传营销模式，扩大烟台市的国内外知名度

1. 烟台市要构建重点目标市场营销网络

一是烟台市要加强与国内外旅行商的战略合作，推进烟台旅游产品的销售，巧借各大旅游博览会、旅游推介会，推广烟台旅游目的地。二是烟台市要进行深度的客源地营销，将营销打入旅游客源地，与当地旅行社、数字媒体、各大交通运输机构合作，由政府出面，开展跨地合作，签订贸易伙伴关系，扩大烟台旅游目的地营销广告植入力度。三是烟台市要整合营销，建立包括媒体营销、网络营销、节事营销、公关营销和联合营销的相对完善的旅游营销推广体系。

2. 烟台市要完善区域合作推广机制

烟台市要积极发挥"仙境海岸"旅游目的地品牌的作用，合力将"仙境海岸"打造为中国国际旅游核心产品。烟台市要整合重点涉旅企业（景区）积极参与，促进与中国银联等金融机构合作发行"仙境烟台"银联卡。烟台市要加强与周边区域景区的联合营销，携手青岛、威海等旅游海滨城市，共同打造"仙境海岸"旅游目的地品牌，并联手制定和开发区域营销策略，实现平台互享、渠道共用、客源互送，联合承办旅游博览会、交易会、音乐节等大型旅游节庆活动。①

3. 烟台市要进行探索目的地营销

第一，烟台市要通过举办大型主题活动，提高烟台旅游目的地的知名度，如举办烟台国际、国内葡萄酒博览会，承办养马岛"国民旅游休闲会议"，在招远罗山举办国际黄金博览会等活动，提高烟台旅游目的地的知名度。第二，烟台市要在旅游发展和规划的整个过程中要以目标游客为导向建立系统的营销策略观，如推出"机票/车票+景区"或者"酒店+旅游景区"等促销活动。第三，烟台市要实施全民营销的策略，借助全民的参与，支持提高烟台市旅游信息传递的数量和质量，增加游客的满意度。第四，烟台市旅游产品的开发要围绕烟台主题形象，体现"山海仙境，葡萄酒城"的主题形象。

---

① 滕向丽. 烟台市旅游业发展存在的问题及其对策［J］. 现代交际，2019（18）：68-70.

第五节　日照市旅游产业竞争力提升策略

一、支撑日照市旅游产业竞争力提升的资源分析

(一) 自然风景资源

日照市因日出东方而先照,于是得名"日照",地处山东省东南部黄海之滨,是一个美丽的滨海城市,素有"蓝天,碧海,金沙滩"的美景,被称为"东方的夏威夷",总面积5358.57平方公里。在地形地貌上,山地占总面积的19.7%,丘陵占52.9%,平原占19.9%,水域占7.5%,总的地势背山面海,中部高四周低,略向东南倾斜,山地、丘陵、平原相间分布;在气候上,属于温带,属典型的暖温带湿润季风区大陆性气候,四季分明,雨热同期,冬无严寒,夏无酷暑;在水文上,全市河流分属沭河水系、潍河水系和东南沿海水系,较大河流有沭河、潮白河等;在自然资源利用方面,依托优越的自然地理条件,开发建设了万平口风景名胜区、奥林匹克水上公园、日照海滨国家公园、五莲山风景区、九仙山风景区、莒县浮来山风景区等一批国内外知名的旅游景点。[①]

(二) 人文历史资源

日照市历史源远流长,传统文化资源丰富,境内有大汶口文化、龙门文化等史前文化遗址,日照两城镇在公元前3500~2000年时为亚洲最早的城市。日照自古人杰地灵,诞生了姜子牙、刘勰、焦竑、许翰、王献唐、宋平、丁肇中等著名人物;在语言文化方面,日照的方言应是一种比较非常古老的汉语,大约成熟于远古的东夷文化时期;在饮食方面,逐渐形成以面食和米食并重的饮食文化,炒、煎、炸、蒸等烹饪种类众多,"山东煎饼"享誉中外,近海盛产各种海产品2000多种;在茶文化方面,日照绿茶号称"江北第一绿茶",是日照市特产、中国国家地理标志产品,日照红茶成为山东省第一家获得红茶QS认证的企业,并成功注册地理标志证明商标,成为江北茶品代表之一;在民俗节日和民间艺术方面,日照有"太阳节""祭海",以及日照农民画、日照纸扎、日照工艺刺绣、日照石刻等。除此之外,日照还有世界上最大的汉字摩崖石刻

---

① 杨文龙. 乡村振兴战略下日照市乡村旅游发展研究 [J]. 黑龙江粮食,2022 (5):105-107.

——"河山日照巨书","天下第一银杏树"——浮来山银杏树,还有与齐文化、鲁文化并称山东三大文化之一的莒文化,以及齐长城遗址、莒国古城、日照港等。

(三) 饮食文化资源

餐饮作为旅游产业链上最重要的一环,也是一种重要的旅游文化资源。日照盛产煎饼、黄花鱼、对虾、西施舌等海产品2000多种。日照东方对虾是山东省日照市的著名海产品、中国地理标志农产品。山东省最大的绿茶生产基地就在日照,日照因独特的气候条件使茶叶口感独特,具有其他茶叶没有的特点。

(四) 人才资源

为加强人才队伍建设,日照市委、市政府出台了《关于实施"日照英才"工程支持新旧动能转换的意见》,加大力度培养和吸引优秀文化艺术类人才。制定印发《2019年日照市文化旅游行业人员素质提升培训方案》,建立市、区县、企业"三位一体"培训体系,开展"日照文化旅游大讲堂"。[①] 2019年,曲阜师范大学地理与旅游学院申报项目成功入选专业研究生重点研究扶持项目,目的是进一步深入实施人才强旅战略,重点深入开展与旅游相关的研究工作,这为旅游人才队伍建设提供了有力的学术支持。

二、日照市旅游业发展的现状

日照市作为一个沿海开放城市,旅游资源十分丰富。近几年,日照市委、市政府把旅游经济作为日照市五大特色经济之一,加快转变旅游发展方式,推动旅游产业转型升级,坚持把日照打造成为滨海旅游休闲度假城市,这让旅游经济迈上新台阶。

(一) 旅游业成为日照市国民经济的重要支柱产业

近年来,日照市旅游产业增速较快,表现出强劲的发展态势,旅游业已成为拉动日照经济增长、增加社会就业、提升城市形象的重要支柱产业。

(二) 旅游城市特色更加凸显

日照市已初步打造形成了双亿综合大港、阳光度假海岸、水上运动之都等

---

① 李晓飞,刘艳芹.日照市旅游产业竞争力分析 [J].消费导刊,2020 (13): 111.

八张城市名片,并且围绕打造"阳光海岸、水运之都"城市品牌,大力推进阳光海岸带建设,先后建成了万平口景区、灯塔风景区、世帆赛基地、奥林匹克水上公园和梦幻海滩等滨海风景区,举办了两届全国水上运动会和一系列国内、国际体育赛事活动,在国内外引起了很大反响,这使日照作为一个旅游城市的知名度、美誉度进一步提高。

(三)乡村旅游快速发展

依托地方资源优势,大力开展了以渔家乐、农家乐、竹文化、茶文化和乡村体验为主要内容的旅游活动,出海捕鱼、海滩采贝、挖海蟹、樱桃采摘、周末菜园、采茶炒茶等形式丰富的民俗活动都取得了较好的效果。

三、日照市文化与旅游的融合发展竞争力提升策略

(一)日照市文化与旅游的融合发展基本策略

1. 加强科学规划

一是推进发展布局融合。着眼"点线面"结合,以建设海洋文化、太阳文化、莒文化等旅游基地为引领,突出"日照—青岛—烟台—威海"胶东经济圈文化旅游发展极,打造市内外双循环的文化旅游融合发展新格局。[1]

二是推进产品业态融合。要积极推动文化资源"活化"利用,发展海洋旅游、红色旅游、康养旅游、研学旅游、民宿旅游、乡村旅游等新业态,构建全域文化旅游产品体系。增强文化"赋能",培育旅游演艺、非遗旅游、博物馆旅游等文旅融合发展业态,打造文化旅游综合体。

三是推进市场主体融合。推动文化和旅游产业集聚发展,推进市场主体实现空间聚集和融合发展。加大市场开发力度,适应文化和旅游消费结构升级趋势,持续形成新的消费增长点。

四是推进公共服务融合。按照"融合共享、全域覆盖"理念,建设改造一批文化和旅游综合服务设施,完善公共文化设施的旅游服务功能,提升旅游公共设施文化内涵。推动文化服务进入旅游景区、度假区,在游客聚集区引入影院、剧场、书店等文化设施,构建主客共享的文化和旅游新空间,进而构建便捷、温馨的文旅公共服务体系,让市民和游客感受到"生活在日照就是幸福"。

---

[1] 韩笑,聂迦南.日照市文化与旅游深度融合发展策略研究[J].旅游纵览,2022(12):85-88.

2. 实施品牌战略

第一，坚持重点项目推进。聚焦日照市周边县域优质文化与旅游资源和头部文旅企业，招商引资扩大业态，带动更多高品质旅游项目落地日照；积极创建国家全域旅游示范区，推动奥林匹克水上运动小镇、莒国古城、安东·阿掖旅游度假区、安泰摩卡商街等项目建设，打造一批省级以上文化旅游精品项目。

第二，推动特色产品提档升级。落实"好品山东"发展要求，开展精品景区建设行动，举办非遗博览会、"优选日照"展览会等特色活动，培育阳光海岸、盐茶古道、山海西路、齐鲁风情5号线等自驾游网红线路，切实推进中小型企业加强产品研发和品牌塑造，进一步提升日照文旅产业的产品附加值与品牌影响力。

3 加强科学监管

（1）规范市场秩序

深入开展以市场规范、旅游安全、餐饮卫生、交通隐患等为主要内容的市场秩序整治活动，建立健全市场联动管理体制机制，开展旅游市场专项整治行动，同时组织第三方机构和城市志愿者对全市各县区文旅市场经营状况进行暗访评估，加强常态化市场监管，提升市场经营水平和综合执法能力。

（2）加强信用体制建设

要推动文明旅游示范区、文明旅游示范单位创建工作，尽快出台诚信旅游相关标准和制度规范，积极推进景区、酒店、影院、书店等市场主体信用体系建设，探索日照市文旅市场信用消费新模式，定期发布全市旅游市场诚信建设"红黑榜"，评选诚信服务示范社区、景点、酒店、商业街等，从而扩大文旅市场信用品牌正向激励效应。

（二）日照茶文化旅游发展策略

1. 旅游与茶文化互动发展的优势

（1）互动发展体现了与时俱进的文化传统

从广义角度出发，茶文化包括了茶叶生产过程和茶叶产品，体现了茶精神的传承。[①] 特别是在人文领域，茶文化对于社会产生较为深远影响。从我国实际情况来看，茶文化包括一切与茶叶相关的人类活动，通过茶叶种植这一最为朴素的劳动形式体现深邃思想，能让人们在种茶以及饮茶过程中都能够感受到生活的美好。因此，茶文化是较为宏观的概念，在茶文化中蕴含着多种文化因素，也能够较为直接地体现人文精神。在茶旅的发展过程中，游客可以到茶园

---

① 张晓洁. 茶文化与旅游互动发展的策略研究［J］. 福建茶叶，2023（8）：75-77.

参观茶树的生长等过程，在欣赏美丽景色的同时，也会为博大精深的茶文化所震撼。在茶旅不断发展过程中，中国的茶文化被赋予深刻内涵，在继承传统文化精髓的基础之上实现与时俱进，让中华优秀传统文化得以在新世纪传承。

（2）通过优势互补进行资源整合

茶旅要依托悠久灿烂的中国茶文化，最终形成一种独特的旅游形态。在茶旅中，游客会感受到田园之美，更能够感受到文化之美和生态之美。现如今，中国的茶旅已经实现了多方面资源的整合，也实现了与其他多种文化形式的对接。结合我国地理情况，我国拥有众多的名山大川，如果游客仅仅欣赏这些名山大川的景色，则会缺少相应的文化底蕴，但通过茶文化的介入能够实现文化与思想的不断传承，让古老的文化焕发不竭生命力。

（3）绿色产业发展拥有广阔前景

在创新理念的指引之下，我国的茶叶产业朝向绿色轻型方向发展，在这种情况下，茶叶旅游的前景极为广阔。在茶旅发展过程中，不会消耗大量的燃料，同时也不会对自然生态环境造成严重污染，这与环保理念高度吻合。特别值得注意的是，现阶段我国处于实现中华民族伟大复兴的关键时期，在这一时期更应让国人了解到璀璨的中华传统文化，为大国崛起打下牢固基础。正因如此，茶文化与旅游业的深度融合，具有强大的生命力，通过茶旅不断发展，能够让更多的人感受到中华文化的魅力，对树立民族自信心以及培养民族自豪情感也会起到至关重要的推动作用。

2. 日照茶文化旅游开发模式

（1）茶文化旅游体验主题模式

传统的观光型旅游走马观花式不适合茶文化旅游项目，日照市茶园面积大，有"百里绿茶长廊"，更多的体验式旅游项目越来越受到游客追捧。以茶文化为鲜明的主题特色，融合其他休闲、亲子、康养等多种要素，让游客成为茶园体验场景中的主人，尤其是对少年儿童可以开发角色扮演，采茶、制茶等场景都是游客乐于体验的项目。

（2）茶文化旅游休闲度假模式

日照市的茶园面积大，多处在乡村自然之中，环境优美，而且山水结合较好，适合开发休闲度假茶文化旅游模式。每年来日照旅游的游客众多，其中相当部分是来度假，茶园在北方相对稀缺，完全可以开发这一类的主题项目。茶园、茶休闲农庄、茶文化馆、茶博园、茶博物馆等都是良好的资源平台，茶叶的药用、食用价值较大，中国自古药食同源，充分挖掘茶的养生康体价值，与休闲度假相结合就是很好的康养项目。

(3) 茶文化旅游商品模式

旅游商品是旅游产业的重要组成部分,在旅游六要素中独具其一。[①] 日照市旅游商品开发薄弱,茶文化旅游商品更是以茶叶本身为卖点,创意性还有较大差距,这也是下一步重点突破的内容。日照茶是日照市的名优土特产品,购买日照茶可以树立日照城市旅游品牌,但日照茶在品牌塑造方面也差距不小,产值过千万的品牌都很少。茶文化旅游商品通过游客可以传播到国内外,通过口碑宣传了茶,也就宣传了城市,吸引了潜在客源,根据自身特色。因此,打造开发丰富多彩的茶文化旅游商品也是日照旅游市场和旅游商品突破的重要课题。

四、日照市旅游产业竞争力提升其他策略

(一) 日照农家乐旅游发展策略

1. 认识"农家乐"旅游

"农家乐"旅游的雏形来自国内外的乡村旅游,并将国内特有的乡村景观、民风民俗等融为一体,因而具有鲜明的乡土烙印。同时,它也是人们旅游需求多样化、闲暇时间不断增多、生活水平逐渐提高和"文明病""城市病"加剧的必然产物,是旅游产品从观光层次向较高的度假休闲层次转化的典型例子。

国内真正意义上的乡村旅游始于20世纪80年代,中国国内游客参加率和重游率最高的乡村旅游项目是:以"住农家屋、吃农家饭、干农家活、享农家乐"为内容的民俗风情旅游;以收获各种农产品为主要内容的务农采摘旅游;以民间传统节庆活动为内容的乡村节庆旅游。[②]

休闲农业是以农村自然环境、农业资源、田园景观、生产内容和乡土文化为基础,通过总体规划布局和工艺设计,加上一系列的配套服务,为人们提供观光、旅游、休养、体验农渔乡村民俗生活的一种农业经营新模式。

因此,"农家乐"旅游既是乡村旅游的一种形式,也是休闲农业开展的项目之一。

2. 日照农家乐旅游发展策略

(1) 政府应科学规划农家乐旅游的发展

政府应科学规划农家乐旅游发展,以市场需求为导向,多调研,制定和完善农家乐旅游发展的政策性文件,出台相关的税收、投资等方面的优惠政策。

[①] 乔红. 日照茶文化旅游开发研究 [J]. 消费导刊, 2019 (35): 80.
[②] 李万超. "农家乐"旅游发展研究 [J]. 现代农业, 2020 (5): 99-100.

在基础设施、生态环境、电网改造建设等方面加大财政支持力度。修建绿荫下的凉亭、竹凳、椅子等简朴的休闲设施，可供游客休息。把在路口、岔路口的悬挂指示牌制作成瓜果等农产品形状，凸显乡土气息，便于游客寻找。近年来，随着经济的发展，科技水平的提升，微信越来越受到人们的喜爱，私家车数量每年都呈增长趋势，周边游、周末游、家庭游、亲子游成了一种趋势。因此，建立微信营销群，可以便于游客随时掌握农家乐的动态。修建停车场，同时如果条件允许政府还可以延伸公交路线，方便那些没有私家车或者不方便开车出行的游客。因为优美的环境、便捷的交通也是所有旅游者的共同需求。这就能为农家乐的持续健康发展打下良好的基础。

（2）重视经营管理

①实行挂牌经营。经营农家乐，必须取得相关部门颁发的卫生许可证、经营许可证、安全许可证等。相关服务人员必须持有健康证。经营者要接受基础的旅游知识培训。政府相关部门要定期检查，对无证、证件不全者要限期整改，严重者可取缔其经营资格。

②加强农家乐旅游的队伍建设，制定统一的农家乐旅游管理服务规范。把农家乐经营相关人员的管理知识、旅游知识、服务知识培训落到实处，帮助他们更好地了解当前旅游业发展的现状和趋势，努力提高从业人员的业务素质，从而促进农家乐有序竞争和可持续发展。

③加强宣传和促销。农家乐经营者要进一步解放思想，转变经营理念，通过互联网进行宣传促销，开拓自己的市场。另外，还要学会"炒作"自己，提高自己的知名度。农家乐旅游未来的发展要主动借助中介组织的宣传和促销，如，挂靠旅行社联销等方法。只有这样，农家乐旅游才能真正融入市场经济的运作当中。

（3）农家乐应彰显文化内涵

农家乐经营者应该因地制宜设立与农家相关的特色化旅游服务项目，努力改变服务项目单一化的现状。[①] 充分挖掘当地的生态、人文、民俗资源和乡村传统文化，把具有浓郁民俗文化特色的项目、娱乐健身活动、农事活动、民间文艺等有机结合农家乐旅游进行开发。

有条件的乡村可以建设自己的乡村博物馆。这些资源的开发，能让游客在了解乡村历史文化的同时，接受乡土文化的熏陶，从而使民俗文化得到更加广泛的传播，提升旅游活动的文化内涵。像五莲县的靴石村，进村的道路曲折而又悠长，可以学习浙江富阳新沙岛的农家乐园这个比较成功的案例，让农家的

---

① 张翠玲. 日照农家乐旅游存在的问题及对策 [J]. 现代职业教育，2019（1）：234-235.

牛车成为游客进村的交通工具，无形中把进村的路程变成了欣赏山村秀美风光的旅程。游客能在体验乡村生活的乐趣中放松身心，也能增长农业知识、积累生活经验。只有这样，日照才能吸引回头客，踏入良性发展的轨道。

（二）日照市滨海旅游产品开发策略

1. 突出自身特色

（1）突出水上运动特色

日照市的先天自然条件和后天设施条件都适合开展各类水上运动，并且之前已经举办过水上运动会等全国性的体育赛事。日照市应配合全民健身的热潮，开发适合普通民众参与的水上运动娱乐项目，从而使社会各界人士积极主动参与进来。

（2）突出港口特色

1995年，日照市被国家正式批复为"新亚欧大陆桥东方桥头堡"，日照港是国内沿海十大港口之一，这也可以成为日照市的特色旅游资源。很多内陆地区的游客对封闭的港口作业充满了好奇，开展日照港口特色旅游，不仅能提升旅游收入，还能提高城市知名度，促进工业的发展。日照市应该继续深度挖掘港口的价值，使其成为日照市独特的标签。

2. 重视旅游产品的开发

（1）升级传统旅游产品

这主要指的是日照市的观光旅游，日照市应充分利用其自然优势，还原原始的森林、海滩、湖泊地貌，提升可观赏性，在城市宣传以及城市规划建设中凸显滨海特色。

（2）开发新型旅游产品

日照市的滨海旅游产品缺乏全民娱乐项目，这就导致了游客的参与度很低，也没有与现代科技充分融合，科技含量低。日照市现在需要努力打造海上体育、水上游乐园等全民娱乐项目，让游客深度体验海滨旅游城市生活。

3. 依托现代媒体，加强城市宣传

现代自媒体与传统的硬性广告相比，能让旅游者主动接受视频中的广告信息，更容易产生潜移默化的影响。[①] 因此，日照市应充分利用现在自媒体的营销传播效应，为旅游的长期发展奠定基础。

---

① 裴小雨. 日照市滨海旅游产品开发思考［J］. 区域治理，2019（44）：254-256.

第六节 潍坊市旅游产业竞争力提升策略

一、潍坊市滨海旅游竞争力提升

(一) 潍坊市滨海旅游竞争力现状分析

竞争力是一个很容易理解的概念,城市旅游竞争力的研究开始于20世纪末的西方国家。由于其极为复杂,目前学界对其还没有一个统一和标准的界定。

旅游目的地竞争力是有效地利用各种资源为旅游者提供满意旅游经历,在获得经济收入报酬的同时,提高当地居民生活质量与其他利益相关者福利的能力。[1] 从这一内涵来看,(城市)旅游目的地竞争力的基础是各种资源,如旅游资源、接待设施、人力及资本要素等。(城市)旅游目的地竞争力最终表现为游客需求的满足及其伴随而来的相应利益,包括旅游经济效益提升、当地居民生活福利增加等。在这里,满意度可以被认为是竞争力的一个重要维度和指标。

旅游竞争力指在旅游经济活动中,旅游竞争主体拥有的资源及将其转化为社会、经济、环境等利益的能力的综合。

滨海旅游竞争力是指滨海地区以海洋为依托,在开展滨海旅游活动过程中,利用自身的条件,与其他区域争夺有限资源以实现可持续发展的能力。

潍坊滨海旅游竞争力显著,这主要可以从以下几个方面体现出来。

(1) 滨海旅游资源

打开潍坊地图可以发现,白浪河、桂河、崔家河、丹河、利民河、弥河六河在北部滨海交会入海,把潍坊变成了一个巨大的平原,丰沛的水资源和广袤的土地资源,让潍坊滨海地区得到不断发育。随着近几年对潍坊市北部沿海地区的开发和建设,潍坊市形成了以滨海度假、文化休闲、游乐体验为特色,具有一定知名度的旅游目的地。在充分利用现有条件,深入挖掘建设特色旅游资源的基础上,形成了目前较成规模、客流量较大的滨海旅游景点有欢乐海、金色沙滩、马术俱乐部、国际赛车场、海洋公园、北海渔盐文化馆、高档游艇、濒海天然温泉等。

---

[1] 谢仲文. 基于在线数据的旅游业"潮涌现象"分析[M]. 北京:中国旅游出版社, 2020:17.

(2) 经济社会环境

社会环境对游客旅游目的地选择影响较大，一个地区的社会治安，当地居民热情程度和素质高低，公交车系统及基础设施的发达程度，都会影响当地的旅游形象，并进一步影响客源市场。另一方面，经济基础是否雄厚，对于滨海旅游发展具有很重要的影响作用，可以说，没有资金支持是不可能发展好旅游业的。最后，政府政策的支持力度也对滨海旅游业的发展速度具有一定的影响。潍坊位于山东省的中间位置，区位条件优越，交通便利，公交等基础设施发达，接待能力增强。另外，当地政府对于滨海地区建设发展投入巨大，潍坊市把发展海洋经济作为加快全市经济发展新的增长点，确立了建设"海上潍坊"的发展战略，提出了建设滨海新城的宏伟目标，这为海洋旅游的大突破、大发展提供了契机。

(二) 潍坊市滨海旅游竞争力提升策略

海洋旅游具有绿色经济潜力，能够有力推动海洋经济健康、高质量的持续发展。[①] 潍坊市应该依托自己的海洋旅游资源，采取不同的手段，不断提升滨海旅游竞争力。

1. 加大宣传

宣传部门应加强对当地滨海旅游方面的宣传，在充分利用传统传播介质，广播、电视、报纸、杂志等的基础上，大力推广互联网宣传模式，利用电脑端、手机端等介质，提高宣传的广度和深度，形成宣传优势，建立顾客口碑。

2. 加强管理与保护

行政主管部门应加强监管力度，严厉制止景区在开发过程中对自然环境的人为破坏行为，禁止游客在滨海旅游过程中制造垃圾，破坏环境卫生。应通过立法和颁布法规等方式，规范景区管理和游客行为，并树立正确的舆论导向，让公众和景区开发者形成"我爱环境，保护环境"的意识，确保滨海旅游实现可持续发展，造福当地群众。

二、潍坊市文化旅游产业融合发展

(一) 潍坊市文化旅游产业融合发展现状分析

潍坊市文化旅游部门以高度负责的政治站位开拓进取，在全国开创性地实

---

① 董志文，李龙芹. 中国滨海城市海洋旅游竞争力测度与评价研究 [J]. 海南大学学报 (人文社会科学版)，2022 (4)：94-104.

施文化旅游融合"双十工程",即在全市范围内成立文化旅游融合发展新主体——"十大文化旅游集团",同时集中力量打造了具有超强吸引力的文化旅游融合目的地——"十大文化旅游景区"。

在发展过程中,潍坊市文化旅游局遵循"宜融则融、能融尽融,以文促旅、以旅彰文"文化旅游产业融合科学原则,在全市加大对重点文化旅游企业和重点景区的扶持,通过"双十工程"打造文化旅游融合的新平台,这树立了文化旅游融合发展的新样板,推动了潍坊市文化旅游融合产业快速发展。

"双十工程"稳步推进加速文化旅游融合产业发展。任何新动能产业的发展都需要坚实的载体,文化旅游融合要求把文化事业、文化产业、旅游产业三大领域的产业载体进行融合再造,整合资源,打破旧的文化和旅游两个人为分割的产业领域中约束限制,构建文化旅游融合发展的新载体。这其中当先发展的就是作为产业基础的文化旅游企业。潍坊市文化旅游融合"双十工程"中的"十大文化旅游集团",具体包括潍坊滨海旅游发展有限公司、八喜文化旅游集团有限公司等十家文旅融合发展型企业。

(二)潍坊市文化旅游产业融合发展竞争力提升策略

1. 进行发展平台的重塑

潍坊市想要实现文化旅游产业的融合发展,分析胶东市场的发展现状,以文旅融合的方式打造出新型产业。胶东五市在全省文旅产业中,占据非常重要的作用,其旅游建设发展经验以及文化底蕴基础十分丰富。除此之外,在政策扶持供给、旅游品牌建设、旅游资源、交通布局以及地理位置上,有着十分突出的优势,文旅融合有先天之利。

因此,潍坊市可以文化旅游产业为先导,成立经济圈文化旅游合作联盟,在突破行政界限的基础上,在建设旅游项目、旅游基础、培育旅游产品、市场营销以及对外交流方面进行沟通、交流、合作。胶东五市应合力举办旅游节会活动,开辟出黄金海岸游、胶东七日游等经典文化旅游路线,大力发展胶东半岛滨海休闲度假等文化旅游综合市场。

2. 聚焦创意人才,深入挖掘文化资源

潍坊市仍然存在许多有待挖掘的文化资源。例如,状元文化、寒亭嫦娥登月、孟姜女哭长城等 IP 有待开发;在市场上很少见到全真教文化产品、鱼盐、齐文化以及东夷文化。可以说,潍坊市的文化旅游产品开发利用程度,连十分之一都不到。一方面是丰富的文化资源,另一方面是市场急需的文化旅游产品,而创意技术则是两者之间的纽带。潍坊市当前的重点是将全国最好的创意人才聚集在一起,创建一个文化旅游大工程,以诺贝尔文学奖获得者莫言的作品

《红高粱》为依托，以"红"字为载体，以"康养"为依托，打造山东省一流的"康养小镇"、全国康养旅游"示范基地"。

潍坊市文旅产业应该跟随时代发展脚步，进行实践创新，充分地挖掘文化产业及旅游产业所具备的内涵，充分展示品牌魅力、潍坊市文化资源及产业活力。① 举例来说，雪松恐龙探险王国这一项目以诸城所具备的恐龙化石资源作为依托，创新打造了"龙龙游乐场""深海龙堡"等主题游乐场，以声、光、电、VR等科技手段，打造以青少年为对象的"科普教育""研学游"；潍水田园综合体可充分结合休闲观光、健康产业、先进的农业生产技术。青州九龙峪的田园综合体面积超过一万多亩，做到了三产结合，将传统农家乐发展为休闲旅游区域，体现出了农庄所具备的特色，游客能够放慢生活节奏。如何结合文旅产业重构产品结构成为行业的主要研究问题，也是日后潍坊市文旅产业融合需要探讨的内容。

（三）潍坊海盐文化和旅游深度融合的策略

1. 深入挖掘和整理海盐文化资源

潍坊海盐文化历史悠久、内涵丰富，但它要转化为颇具吸引力的旅游产品还必须经过政府和有关方面的精准认识、深入挖掘和整理。发掘、整理海盐文化的过程，实际上也就是将海盐的历史文化融入旅游资源并加以利用的过程。

政府应特别做好海盐文化载体的研究和文物征集。海盐文化载体很多，旅游就是一个很好的载体。潍坊可以利用渔盐文化节和盐博物馆等平台，在发展旅游的同时，大力征集与潍坊海盐有关的文物和资料。

2. 建立文化生态博览园和主题公园

海盐旅游产品的打造还应该特别注重体验性和生态性。② 这方面，淮盐文化生态博览园做出了榜样，该园设计了以淮盐生产工艺为灵魂的非物质文化遗产历史风貌保护区，也设计了以淮盐文化博览体验为特征的休闲娱乐区和创意产业区，这将创造尽可能多的机会和场所让各年龄段游客亲自参与、亲身体验淮盐文化的魅力。

除此，主题公园也是一个不错的选择。作为一种突破以资源为导向的新型旅游开发模式，主题公园的普适性、大众性以及独特的主题文化内涵获得了人们的普遍青睐。潍坊海盐文化资源历史悠久、内涵深厚，可以借此打造特色主题公园。

---

① 孙卿. 探析潍坊市文化旅游产业融合发展策略 [J]. 当代旅游, 2023, 21 (1): 75-77.
② 王俊芳, 于云汉. 潍坊海盐文化和旅游的融合发展 [J]. 盐业史研究, 2021 (1): 74-80.

3. 举办渔盐文化节

在全国各地,围绕盐的会、节很多,它们或者源于神灵祭祀,或者源于盐业生产,或者源于文化需求。参考各地的盐文化会、节,潍坊可以在会节旅游方面进行更深入的策划,特别是利用好国内首家渔盐文化馆和已经发展起来的渔盐文化节,将会节旅游进一步提升。在渔盐文化馆举办的"二月二龙抬头节"和"盐神节"均已列入市级"非遗"名录,在未来的会节旅游中,可以把这些节日作为依托,增加一些时间上前后呼应、内容上互为补充的其他会节活动。

4. 设计丰富的旅游线路

在旅游开发中,旅游线路的设计是一个相当重要的组成部分。通过多次的实地考察,综合外地的成功实践,以下三条海盐文化旅游线路可以设计:一是考古文化走廊(商周盐业遗址);二是民俗文化走廊(盐神庙、龙王庙等);三是工业文化走廊(现代盐化工流程、产品的展示)。当然,这三条线路的有机结合是很重要的。其中,应该特别重视工业遗址旅游线路的设计和开发,国外的工业遗址旅游已经十分普遍,但在国内,这方面的理论和实践尚远远不够,潍坊应依托海化集团等现代企业,设计和发展海盐工业遗址旅游。在设计中,可以把现代盐田(厂)和古代的海盐遗址(存)结合起来,这样既有现代感又有历史厚重感,以满足不同层次、不同需求游客的体验。

(四)潍坊市夜间旅游发展策略

1. 打造夜间旅游品牌

潍坊市应根据本地特色,学习借鉴先进地区发展经验,提炼出夜间经济暨夜间文旅消费品牌"夜享风筝都"。在这一品牌定位下,要充分考虑潍坊市的地理环境、风俗特产和历史人文等核心资源要素,着力打造特色产品,形成品牌支撑。

例如,十笏园文化街区是国家4A级旅游景区,集聚了十笏园博物馆、关帝庙、孔融祠等多处特色景点。街区先后获得了"首批山东省旅游休闲街区""山东省非遗旅游体验基地""山东省第一批夜间文化和旅游消费集聚地""风筝都文化奖"等荣誉称号。潍坊市可以十笏园文化街区为引领,融合周边金石文化、楹联文化、老潍县美食、特色民俗等资源,打造"悦夜潍城"夜间旅游品牌产品,形成核心竞争力。

2. 政府要加强对居民的宣传引导

政府要加强宣传引导,逐步转变居民的生活方式和消费观念,提高居民的参与度。一方面,针对潍坊市的夜游项目举办大型宣传推介活动,提升夜间旅游的知名度；另一方面，夜间旅游市场通常以年轻人为主，针对年轻人接收信息的渠道偏好，可以使用抖音、快手等网络社交平台加强宣传，提升其知名度和曝光度，让更多的人感受到潍坊市夜间旅游的魅力。①

3. 要进一步优化服务

一方面，要完善配套服务，完善夜间旅游场所咨询服务、指引标识、公共Wi-Fi、公共厕所、夜间照明等配套设施，夜间旅游消费聚集区要增加夜间临时停车位、出租车候客点，要合理布局重点夜间旅游景区、夜间文化和旅游消费集聚区的公交线路，增加公共交通运行班次，延长运营时间，加强对夜间消费集聚区交通秩序的管理。

另一方面，要强化安全与经营秩序保障措施。加大对夜间消费集聚区的巡查力度，有效预防生产安全、食品安全等事故发生，维护企业正常经营秩序。同时，要畅通消费者投诉渠道，及时受理、解决消费者的投诉、举报，维护消费者权益。

第七节　东营市旅游产业竞争力提升策略

一、东营市旅游产业竞争力提升的优势分析

（一）旅游资源丰富

山东省东营市是中华民族的母亲河——黄河入海的地方，长河大海的双重恩惠，孕育了东营丰富多样的湿地类型，其拥有5类14型近海与海岸湿地、河流湿地等，湿地面积达4567平方千米，入选全球首批国际湿地城市。在东营境内，1530平方千米的黄河三角洲国家自然保护区造就了我国暖温带完整、广阔、年轻的湿地生态系统，是世界范围内具有代表性的河口湿地。这里也是横跨"东亚—澳大利亚"和"环西太平洋"两条候鸟迁徙路线的重要中转站、越冬地和繁殖地，被称为"鸟类国际机场"。

（二）城市形象初步构建

区域旅游的发展和所在城市的知名度有非常大的关系，如国内的成都、杭

---

① 张敬敬. 文旅融合背景下潍坊市夜间旅游发展研究［J］. 漫旅，2022（11）：83-85.

州,如国外的迪拜。东营是我国最年轻的城市之一,早年东营的崛起很大程度上得益于胜利油田。东营因油而生、因油而兴,为保障国家能源安全做出了重要贡献。

东营城市建成区绿化覆盖率达 42.45%,基本实现市民出门"300 米见绿、500 米见园"的目标。[①] 园林绿化优美,各种城市服务设施,如博物馆、文化馆、图书馆等相对完备。东营有开放包容的人文环境,还获得了"中国人居环境奖""全国文明城市""国家生态园林城市"等殊荣。

(三) 农渔业资源丰富

东营紧邻渤海,有 412.67 千米的海岸线,尤其是海洋盐业、渔业、养殖业,以及众多海港、浅海滩涂等都能为发展海洋观光、滨海休闲度假、研学体验旅游提供很好的资源支撑。东营林业资源丰富,尤其是万亩槐花林海、黄河故道树林、湿地奇观怪柳等极具景观特色和观赏价值。海鲜、河鲜、湖鲜应有尽有,海鲜捕捞产量高、味道鲜,尤其是海参养殖规模大、品质好。黄河口大闸蟹、黄河口文蛤、黄河口大米、麻湾西瓜、花官大蒜等东营特色农渔产品名扬全国。黄河故道鲜鱼汤、黄河刀鱼、广饶肴驴肉、史口烧鸡等特色美食广受欢迎,为开发美食游项目奠定了资源基础。

二、东营市旅游产业竞争力提升策略梳理

(一) 东营市与周边地区文化旅游资源整合策略

1. 深度开发旅游产品

在东营市及其周边地区旅游一体化进程中,各区域应通力合作、互为支撑,形成一个高效的利益共同体,最终实现区域文化旅游产业共同繁荣。[②] 将黄河三角洲区域所包含的东营市、滨州市的自然资源、文化资源进行深度开发,打造不同方面、多种形式的旅游体验,打造黄河三角洲景观带,能使游客享受到"景、人、文"三位一体的全方位体验。结合寿光市的农业观光资源,打造海洋文化旅游和农业观光旅游业相结合的新模式。将潍坊市的海滩资源和黄河三角洲资源相结合,着重打造海上景观带,使游客享受短时间的海上体验。将淄

[①] 盖春洁. 东营市区域旅游发展对策研究 [J]. 漫旅, 2023, 10 (11): 72-74.
[②] 胡欣苑, 任菁菁. 东营市与周边地区文化旅游资源整合发展研究 [J]. 山西农经, 2020 (20): 45-47.

博市的鲁山森林公园、原山森林公园、沂源溶洞和黄河三角洲地区的冲积平原地貌相结合起来，丰富游客对不同地貌旅游景点的体验，提高游客对融合的旅游资源的满意程度。将淄博市的齐文化和滨州市的孙武文化相结合，给游客带来古代军事、政治、文化生活的全方位体验。

2. 整合旅游线路

旅游路线是区域旅游中不可或缺的一部分，整合旅游线路可以使区域旅游效率得到大幅提高，进而丰富游客体验。在东营市及其周边地区旅游线路的整合中，要考虑交通、距离、游客体验等多种因素，实现体验最佳化。例如，黄河沿线的旅游线路开发主要考虑水上交通，整合黄河三角洲所包含的景点，重点打造民俗特色文化"一日游"项目。通过旅游路线的重新开发和整合，能以不同的主题丰富旅游项目。同时，淄博市的高层次服务设施可以弥补东营市高档酒店不足的缺陷，提升游客的居住体验。

3. 深化产业融合

在整合旅游业和其他产业的过程中，要明确被整合产业必须具有吸引游客的特征，即成为旅客游览目标的可能性。东营市及其周边地区应该把握一二三产业融合的浪潮，拓宽文化资源的产业化路径。就东营市及其周边地区旅游资源来说，可以将东营三角洲地区的文化旅游产业和滨州市的手工业和寿光市的农业观光旅游业等产业融合起来，大大提升旅游资源的竞争力，实现旅游资源的产业化开发，吸引游客前来游览，满足游客不同种类、不同层次的需求。具体来说，一是将文化资源与农业结合，使游客记住东营市及其周边地区的田野；二是与旅游业结合，建设内涵丰富、体验良好的旅游目的地，使游客记住东营市及其周边地区的风景；三是与餐饮业结合，发掘地方特色美食，使游客记住东营市的味道；四是与房地产相结合，进一步推进东营市及其周边地区特色建筑的建设，使其功能更加完备，建设特色小镇或主题游乐园；五是与影视业结合，将黄河口生态旅游区及潍坊市海滩等发展为电影、影视剧、短视频的拍摄取景地。

（二）东营市乡村旅游发展策略

1. 给予旅游者丰富的文化体验

景区应为此类旅游者提供回归自然、返璞归真的旅游产品，在乡村旅游规划开发中应尽力保持乡村的原始风貌，设置一些互动性强的旅游节庆活动，让旅游者能够参与活动、融入当地文化和感受当地的生活方式。

2. 建设独特的乡村观光项目

景区应突出乡村自然风光，注重风格特色，满足该类旅游者的旅游行为。[①] 可在景区内建设采摘园等具有乡村特色的旅游项目，让旅游者在旅游过程中体会农村的自然美，还可建设一些独特的乡村观光项目，如新农业生产观光、乡村历史纪念博物馆等。

3. 完善旅游地的娱乐配套设施

针对乡村游憩活动体验型旅游者，景区应在乡村旅游规划开发中完善旅游地的娱乐配套设施的建设，增加一些免费的活跃气氛的场所，如，为旅游者提供采风、表演舞台等。还要开发旅游系列产品，如，体验农事活动、乡村传统活动，让旅游者充分感受乡村活动的独特魅力。

4. 完善内部配套设施

针对乡村游憩活动体验型旅游者，景区应完善内部配套设施，以达到延长旅游者游览时间的目的。可利用乡村空气质量好、人文环境质朴的优势，开发缓解旅游者生活压力、放松旅游者心情的旅游项目，满足旅游者康体养生各种需求的特色产品，如日光浴、划船、垂钓、爬山等特色康养项目。

（三）东营市冬季旅游业发展的策略

1. 突出重点旅游项目建设

围绕旅游目的地建设和旅游景区升级改造，根据冬季旅游的特点，突出冰雪的主题，在原有文化旅游资源的基础上，重点开发滨海、温泉、湿地、会展、养生康体等高端产品，加快重点项目建设，培育一批冬季旅游特色精品项目。在提升常态旅游产品的同时，精心打造独特旅游产品，高水平搞好宣传推介，丰富"黄河入海我们回家"的城市品牌内涵。

2. 配套完善旅游服务功能

在景区特色及产品更新情况受资源性质制约的情况下，加强景区公共设施建设、强化服务能力。政府应做好立法监督工作，对景区的开发、经营、保护等工作进行有效的监督，促使景区发展达到经济效益、环境效益和社会效益的和谐统一。进一步完善旅游信息中心网络，打通全市各景区（点）、星级宾馆、旅行社，以及其他旅游服务设施的联系，构建联网互通、实时监测、资源共享的全市旅游信息网络体系，提升旅游产业的生产力。

---

① 王三三，陈云. 东营市乡村旅游者空间行为研究［J］. 旅游纵览，2022（9）：96-99，103.

3. 加强区域内合作，实现优势互补

以东营市及其周边城市的文化旅游产业布局现状为基础，对文化旅游产业要素进行合理配置，实现区域内的资源协同、优势互补，从而实现文化旅游产业要素在空间上的合理布局，促进东营市及其周边地区文化旅游业的可持续发展。

4. 加快构建旅游产业融资体系

坚持"谁投资、谁经营、谁受益"的原则，进一步拓宽旅游项目投资、融资渠道，充分调动社会力量兴办旅游的积极性，构建多元化的旅游发展投入机制。[①] 在旅游资源开发和景区经营性项目建设中，积极引进国内外投资者，推动旅游投资多元化。重点策划一批优质冬季旅游项目，吸引国内外知名企业集团开发建设，增强旅游业的影响力。

第八节　滨州市旅游产业竞争力提升策略

一、滨州市旅游产业竞争力提升的旅游资源优势

滨州作为黄河三角洲的主体城市，旅游资源总量并不很多，但黄河三角洲文化、高效生态和海洋经济特色鲜明，开发空间和潜力巨大。

第一，滨州北部有举世罕见的沿海百里贝壳长堤和原生态黄河岛。无棣县最北部渤海湾西南岸的贝壳堤岛与湿地国家级自然保护区，全长76公里，总面积804.80平方公里，贝壳总储量达3.6亿吨，是一处国内独有、世界上保存最完整、唯一新老并存的贝壳滩脊—湿地生态系统，是东北亚内陆和环西太平洋鸟类迁徙的中转站和越冬、栖息、繁衍地，共有丹顶鹤、东方白鹳、白枕鹤、灰鹤等珍稀鸟类45种。河流、海洋、湿地、滩涂、岛屿、草场、珍禽等多种自然资源于此汇集，组合有序，形成了独特的湿地生态景观，原始、古朴、高雅，观赏性强，在山东沿海较为少见，是一项有一定优势的旅游资源。以贝壳堤为标志物打造在全球具有独一无二意义的高端旅游度假区，应是滨州旅游实现腾飞的最重要依据。

第二，滨州林果旅游资源丰富，阳信鸭梨、沾化冬枣、无棣金丝小枣、惠

---

① 袁尧飞，任菁菁. 东营市冬季旅游业发展SWOT分析与对策研究[J]. 产业与科技论坛，2023(9)：24-25.

民蜜桃等久负盛名，已经形成显著的区域种植和市场优势，而且延伸了农业产业化经营链条，乡村旅游开展得如火如荼，获得规模化的社会经济综合效益。特别是沾化冬枣无论在口感、知名度、种植规模等方面都有较大优势，而且冬枣树干较低、果实小，非常适合开展采摘活动，是应当优先开发的农业观光旅游资源。滨州沾化冬枣生态旅游区依托优势乡村旅游资源，以"品尝沾化冬枣，体验乡村风情，享受自然休闲"为理念，突出"生态、休闲、采摘"三大主题，独具特色，颇具吸引力。

第三，滨州惠民县是一代兵圣孙子的故里，孙子文化博大精深，享誉海内外，且目前其他地方还没有叫得响的孙子文化旅游品牌，滨州在该项资源开发上具有绝对优势，而且旅游开发的普适性较强。魏氏庄园作为国内三大地主庄园之一，是国家一级文物保护单位，建筑风格独特。传统民间艺术异彩纷呈，河南张泥塑、清河镇木版年画、秧歌、剪纸等具有浓厚乡土气息和地方特色。胡集书会为中国北方曲艺最为重要的集散地，被列为首批国家级非物质文化遗产。

第四，滨州博兴县是东汉孝子董永故里，是中国孝文化的发源地之一。董永与七仙女的爱情故事妇孺皆知，韵味十足，且这一主题在山东省内仅此一家，具有独特性和旅游开发的可操作性。此外，博兴吕剧、丈八佛、兴国寺也具有较强的吸引力，可开发高层次佛教专项旅游产品。

第五，滨州邹平县自然资源荟萃，人文古迹增辉。邹平县是范仲淹故里，其"先忧后乐"思想家喻户晓，范公祠、醴泉寺、唐李庵景区已成规模，且邹平集中了鹤伴山、白云山、会仙山、雪花山等山岭，山岭峰峦起伏，海拔均在500米以上，山势挺拔，奇峰怪石林立，自然景观丰富多样，这在地形平坦的鲁北地区尤为突出，可见，滨州开展山地生态旅游的条件得天独厚。

第六，滨州滨城区自然旅游资源丰富，文化异彩纷呈。独有的"四环五海"城市风光旖旎多姿，三河湖风景区水域景观恢宏，自然风光诱人，水文化底蕴丰厚。以"一代帝师"杜受田为代表的名人文化，以秦台庙会、滨州剪纸为代表的民俗文化，以吕剧、东路大鼓为代表的戏曲文化，异彩纷呈，绚丽多彩。

此外，滨州曾是北方著名的革命根据地，也留存有许多革命历史文物及遗址，具备开展红色旅游的条件。滨州民风淳朴，各区县有许多传统民间习俗、民间工艺品沿袭至今，如果予以发掘整理，可以形成颇具特色的旅游产品。

二、滨州市旅游产业竞争力提升策略

(一) 滨州市"旅游+农业"发展策略

1. 转变思想意识，提高认知

"旅游+农业"模式是现代农业和旅游业的结合，是新兴产业形式，与农业未来发展趋势一致。滨州市"旅游+农业"模式处于发展关键时期，各方面还不够成熟，政府部门要充分发挥自身主导作用，广泛宣传"旅游+农业"模式发展的经济价值，改变基层群众的思想意识，遵循可持续发展理念，达成发展"旅游+农业"模式的全社会共识，创造有利环境，使之成为滨州经济发展的重要部分。同时，出台相关扶持政策，重点开发区域特色资源，科学融合观光农业和现有农业产业结构，为农业经济发展注入新的活力。

2. 加大投入力度

"旅游+农业"模式逐渐成为经济发展的新增长点，成为地区生产总值的重要组成部分。地区政府部门需结合地区农业实际出台相应的扶持政策，增加农业补贴，缓解农业生产压力，为农业现代化发展提供支持。

各个县区部门要在财政中列出专项资金，用于项目基础设施建设，进一步完善现代观光农业发展的基础条件，做好餐饮、住宿、娱乐、旅游等配套设施建设，确保游客对观光农业的良好体验。

形成上下联动、全员参与的发展布局，实现官办、民办相结合，融合财力、物力、人力全面推进"旅游+农业"建设进程。加大区域特色农产品开发力度，发展绿色食品、特色旅游商品，不断提升"旅游+农业"模式的经济效益。[①]

3. 加强组织管理

进一步强化各级组织管理，细化和明确责任，各级部门提高重视程度，遵循现代农业发展的可持续理念，积极推动旅游产业和农业的相互融合。同时，结合滨州市发展实际，进行统一规划和部署。

(二) 滨州市滨海旅游产业竞争力提升策略

1. 以持政府为主导，坚持跨越式发展

滨州市滨海旅游作为潜在滨海旅游区，市场化程度低，体制不完善，产业发展不成熟，单靠市场难以对旅游经济进行有效的调节。无论是规划的制定实

---

① 刘艳准. 山东滨州"旅游+农业"模式解析 [J]. 农业工程技术，2022 (5)：5，7.

施、产品线路的设计开发,还是宣传促销、行业管理,其都不能离开市场的强力主导。必须在尊重旅游经济发展客观规律的基础上,充分发挥政府规划、协调、管理、监督和服务的职能,优化社会环境、投资环境和政策环境,加大投资、筹资和引资力度,加快滨海旅游基础设施建设,加强旅游产品的创新升级和开发营销,优化旅游产业结构,营造"政府主导、市场运作、企业经营、大众参与"的旅游发展新格局。紧跟当前滨海旅游的发展方向,充分发挥后发优势,充分挖掘自身资源的优势,借鉴先进地区的经验,彰显滨州地方特色,不断推动滨州市滨海旅游业实现跨越发展。

2. 打造海岛休闲度假游

位于无棣县的黄河岛旅游区,属滨海平原与海岸滩涂交接地带,岛上野生动植物种类繁多,拥有渤海湾独有的海岛风情,生态休闲度假旅游功能较强。以黄河岛开发为契机,建设集休闲、娱乐、游览、度假、会展等功能于一体的海岛旅游度假胜地;依托岛上现有的别墅群,以书画等艺术创作基地建设为重点,打造黄河三角洲艺术品创意产业基地,创建一流艺术创作环境,充分挖掘和传承博大精深的黄河文化。

3. 开发高端旅游产品

政府要突出重点,瞄准优势资源,借鉴其他先进地区的既有经验,加大资本投入,以"贝壳滩脊海岸(国际上称为 Chenier 海岸)—国家级自然保护区—贝壳砂资源—大天鹅越冬栖息地—特色盐田—夏威夷式特色海水浴场"这一资源脉络,大力发展以"海洋贝堤、渤海涨潮、海洋贝瓷、海瓷艺术、海丰塔、海洋浴"为主要内容的旅游产业,开发建设一系列滨海休闲度假、工业文化旅游生态湿地旅游,以及海岛观光旅游等高端旅游产品。

4. 开展蓝色海产捕捞游项目

该区沿海有大面积的水域,海洋生物资源多样,其中,沾化区冯家镇的鲁北海产品批发市场,历史悠久,且已形成了一定的市场规模,盛产对虾、青虾、琵琶虾、梭子蟹、鲈鱼、梭鱼、文蛤、牡蛎等数十种"名、稀、特"海产品。依托丰富的渔业资源,打造集观海、听潮、捕捞、渔家乐等于一体的综合性海洋旅游项目;依托沿海渔村,将沿海渔民、渔村生产、生活的海洋民俗风情、海洋节庆,以及海洋历史传说进行有机整理,开发建设海洋民俗旅游项目。

5. 深挖文化内涵,走产品创意的开发道路

海洋文化的时代性和开放性强,更能够接纳、吸收世界优秀文化,反映时代潮流。要多开发原始生态自然风景,在创建绿色城市环境的基础上,充分挖掘滨州深厚的历史文化底蕴,把文化、休憩、娱乐、参与等融为一体,并注重引入高科技技术,开发设计出一批彰显滨州地方特色、新颖独特、具有较强吸

引力的旅游产品，以迎合体验经济时代下游客自然、感悟、参与的旅游消费理念和消费潮流。

6. 打造滨海历史文化游览区

滨海历史文化游区包括无棣县的车镇乡、信阳乡、无棣镇和沾化区的古城镇，区内拥有众多古遗址、名人故居、宗教寺庙等文化旅游资源，可以开展遗址寻踪游、科学考察游、古建筑观光游。

（1）古文化遗址寻踪游该区内古文化遗址众多，主要有无棣镇韩家窑遗址、韩信马童墓、魏王豹墓、李佐车墓等古墓遗址等。依托这些古文化遗址资源，按照"整体规划、分期实施"的原则，以"开发保护历史文化遗产"为主线，加大对古窑、古墓等遗址的挖掘、开发、保护、修缮力度，开展古文化遗址寻踪游。

（2）古城遗址考察游该区内还拥有众多古城遗址，如无棣县广武城、光武城、信阳城等，依托这些资源，以古城历史文化开发为轴线，本着"修旧如旧"的原则，恢复一些老古城的旧貌，打造千年文化古镇，开展古城遗址考察游。

（3）古建筑群观光游该区内拥有青旗将军庙古庙遗址、明清县衙大堂、吴式芬故居、清代高等小学堂、唐塔遗址、大觉寺等古建筑群，应突出本区名人故居、宗教建筑特色文化旅游资源，搞好古建筑群的保护和开发建设，重点开发其观光功能，建成具有一定影响力的文化旅游区。

参考文献

[1] 曹清芳．基于生态旅游产业链理论的大容山生态旅游发展建议［J］．漫旅，2023，10（8）．

[2] 陈瑾，陶虹佼，徐蒙．新发展格局下我国文化旅游产业链优化升级研究［J］．企业经济，2022，41（11）．

[3] 陈秀艳，王慧．山东省旅游资源竞争力空间格局研究［J］．经济研究导刊，2022（35）．

[4] 陈学念，杨莎，熊涛，秦趣．乡村旅游产业与文化产业融合研究——以贵州省六盘水市娘娘山为例［J］．黑龙江科学，2019（17）．

[5] 陈子琛，鲁翔．乡村旅游发展策略探究［J］．广东蚕业，2023（4）．

[6] 程国有．突破青岛旅游业发展瓶颈［J］．商周刊，2019（10）．

[7] 程玉，杨勇，刘震，等．中国旅游业发展回顾与展望［J］．华东经济管理，2020，34（3）．

[8] 褚骏超．全域旅游背景下的旅游产业链延伸探索［J］．产业与科技论坛，2021，20（21）．

[9] 崔勇前．新时代乡村旅游发展研究［M］．北京：中国商业出版社，2021．

[10] 邓爱民．现代旅游发展导论（课程思政版）［M］．北京：华中科学技术大学出版社，2022．

[11] 董志文，李龙芹．中国滨海城市海洋旅游竞争力测度与评价研究［J］．海南大学学报（人文社会科学版），2022（4）．

[12] 樊启迪，李永航．浅谈我国区域旅游协作模式存在的问题及解决对策［J］．市场周刊，2021（12）．

[13] 方金生，等．池州市旅游竞争力评价与提升策略［J］．绿色科技，2022，24（17）．

[14] 符经纬．我国生态旅游城市建设路径探讨［J］．漫旅，2021，8（16）．

[15] 付检新. 乡村旅游产业发展策略探究 [J]. 广东蚕业，2022（11）.

[16] 盖春洁. 东营市区域旅游发展对策研究 [J]. 漫旅，2023，10（11）.

[17] 高科佳，赵静，赵永青. 乡村振兴背景下特色旅游小镇发展战略研究 [J]. 农业经济，2022（2）.

[18] 高梦婷. 全域旅游背景下的旅游产业链延伸路径 [J]. 当代旅游，2021，19（5）.

[19] 高松，徐昌贵. 新时期旅游产业创新发展研究 [M]. 长春：吉林人民出版社，2020.

[20] 韩笑，聂迦南. 日照市文化与旅游深度融合发展策略研究 [J]. 旅游纵览，2022（12）.

[21] 胡欣苑，任菁菁. 东营市与周边地区文化旅游资源整合发展研究 [J]. 山西农经，2020（20）.

[22] 姜旭. 物流空间学 [M]. 北京：北京首都经济贸易大学出版社有限责任公司，2022.

[23] 焦剑. 浅析城市旅游品牌建设——以重庆为例 [J]. 度假旅游，2019（2）.

[24] 李国谨. 城市旅游与城市生态建设研究 [J]. 漫旅，2022，9（23）.

[25] 李琳，徐素波. 生态旅游研究进展述评 [J]. 生态经济，2022（7）.

[26] 李秋宇. 乡村旅游文化资源开发策略 [J]. 当代旅游，2022（13）.

[27] 李万超. "农家乐"旅游发展研究 [J]. 现代农业，2020（5）.

[28] 李晓飞，刘艳芹. 日照市旅游产业竞争力分析 [J]. 消费导刊，2020（13）.

[29] 李瑶. 青岛海洋旅游开发研究 [J]. 旅游纵览，2023（6）.

[30] 刘丹. 乡村旅游产业发展的风险因素及对策探究 [J]. 漫旅，2023（3）.

[31] 刘江宜，舒江红. 我国绿色产业竞争力评价和聚类分析 [J]. 生产力研究，2022（7）.

[32] 刘卿文，朱丽男. 乡村旅游特色小镇的勃兴及去同质化困境的破解路径 [J]. 农业经济，2021（7）.

[33] 刘祥恒. 旅游产业融合机制与融合度研究 [M]. 合肥：中国科学技术大学出版社，2019.

[34] 刘艳准. 山东滨州"旅游+农业"模式解析 [J]. 农业工程技术，2022（5）.

[35] 刘雨. 论乡村旅游资源的开发与利用 [J]. 当代旅游, 2022 (14).

[36] 刘宗宇, 付玉成, 杨丽中, 等. 威海滨海旅游发展分析及对策 [J]. 海洋开发与管理, 2021, 38 (5).

[37] 吕备, 姚瑶. 长三角文化旅游产业核心竞争力提升浅议 [J]. 合作经济与科技, 2023 (24).

[38] 马先. 新时代背景下文化康养旅游产业链的创新发展 [J]. 旅游纵览, 2023 (3).

[39] 马潇, 韩英. 旅游景区开发与区域经济发展 [M] 太原: 山西经济出版社, 2022.

[40] 孟凌红. 山东海洋文化旅游文创产品的开发路径与设计实证研究 [J]. 旅游纵览, 2020 (6).

[41] 莫雯静. 浅谈基于旅游体验的智慧旅游城市建设体系构建 [J]. 智能城市, 2019, 5 (2).

[42] 裴小雨. 日照市滨海旅游产品开发思考 [J]. 区域治理, 2019 (44).

[43] 彭聪. 中国经济文库 环境规制对旅游产业结构与竞争力的影响研究 [M]. 北京: 中国经济出版社, 2021.

[44] 乔红. 日照茶文化旅游开发研究 [J]. 消费导刊, 2019 (35).

[45] 全少莉. 生态旅游背景下区域旅游资源开发策略研究 [J]. 漫旅, 2022 (10).

[46] 邵丹丹. 加强人力资源管理提升滨海城市旅游业发展水平 [J]. 经济管理文摘, 2021 (18).

[47] 舒伯阳. 旅游体验设计 [M]. 北京: 中国旅游出版社, 2021.

[48] 舒伯阳, 徐其涛. 中国旅游产业的演化与后疫情时代的发展转型 [J]. 中南民族大学学报（人文社会科学版）, 2022, 42 (2).

[49] 宋乐. 乡村旅游资源开发与产业发展策略探析 [J]. 金融经济, 2018 (16).

[50] 孙卿. 探析潍坊市文化旅游产业融合发展策略 [J]. 当代旅游, 2023, 21 (1).

[51] 谈琰. 我国旅游产业融合的障碍因素及其竞争力提升策略研究 [J]. 环渤海经济瞭望, 2022 (12).

[52] 唐健雄, 李奥莎, 刘雨婧. 旅游城镇化驱动乡村振兴的影响效应研究

[J]．华中农业大学学报（社会科学版），2023（1）．

[53] 滕向丽．烟台市旅游业发展存在的问题及其对策［J］．现代交际，2019（18）．

[54] 王刚，曹秋红．林业产业竞争力评价研究［M］．北京：知识产权出版社，2020．

[55] 王俊芳，于云汉．潍坊海盐文化和旅游的融合发展［J］．盐业史研究，2021（1）．

[56] 王克岭，董俊敏．旅游需求新趋势的理论探索及其对旅游业转型升级的启示［J］．思想战线，2020（2）．

[57] 王三三，陈云．东营市乡村旅游者空间行为研究［J］．旅游纵览，2022（9）．

[58] 王通，王怀国，王斌，等．山海相逢，山东威海打造精品旅游公路［J］．中国公路，2020（24）．

[59] 王颖，常宇靖．借鉴威海全域旅游经验秦皇岛旅游业转型升级研究［J］．河北旅游职业学院学报，2020，25（1）．

[60] 韦菁华．文旅融合背景下乡村旅游产业融合发展理论分析［J］．花卉，2021（16）．

[61] 温彦平，彭红霞，刘超．旅游地理学［M］．武汉：中国地质大学出版社，2022．

[62] 吴国清，等．城市更新与旅游变迁［M］．上海：上海人民出版社，2018．

[63] 吴琳萍，景秀艳．生态旅游城市评价方法及建设路径：以福州市为例［J］．山东农业工程学院学报，2018，35（9）．

[64] 夏知晓．乡村振兴背景下文化产业与旅游融合发展探究［J］．旅游纵览，2023（10）．

[65] 谢灯明，何彪，蔡江莹．共生理论视域下跨区域旅游竞合模式选择——以海南、台湾为例［J］．海峡科学，2018（11）．

[66] 谢佩清．智慧城市背景下的智慧旅游建设策略研究［J］．旅游纵览，2020（8）．

[67] 谢仲文．基于在线数据的旅游业"潮涌现象"分析［M］．北京：中国旅游出版社，2020．

[68] 严琰．乡村旅游产业发展的主要模式与优化路径［J］．旅游纵览，2023

（10）．

[69] 阎平．基于乡村振兴的农业观光旅游创新发展策略探讨［J］．南方农机，2023（18）．

[70] 杨宝．浅谈乡村旅游资源开发［J］．广东蚕业，2021（6）．

[71] 杨军．关于康养旅游产业集群发展的探究［J］．旅游纵览，2022（2）．

[72] 杨莉虹．多元视角下旅游产业发展研究［M］．长春：吉林人民出版社，2021．

[73] 杨文龙．乡村振兴战略下日照市乡村旅游发展研究［J］．黑龙江粮食，2022（5）．

[74] 杨晓安．探析新常态下中国区域旅游的发展战略［J］．全国流通经济，2019（30）．

[75] 杨鑫，范文亮，班晴，等．鲅鱼圈区乡村旅游业发展中存在的问题及其对策［J］．南方农业，2020，14（24）．

[76] 叶婷．旅游产业竞争力研究方法评析［J］．市场周刊，2020（9）．

[77] 余迪．基于比较优势理论探讨应用型本科旅游管理专业实践教学［J］．佳木斯职业学院学报，2022，38（6）．

[78] 袁尧飞，任菁菁．东营市冬季旅游业发展SWOT分析与对策研究［J］．产业与科技论坛，2023（9）．

[79] 张翠玲．日照农家乐旅游存在的问题及对策［J］．现代职业教育，2019（1）．

[80] 张建忠．旅游学概论 第3版［M］．北京：中国旅游出版社，2021．

[81] 张敬敬．文旅融合背景下潍坊市夜间旅游发展研究［J］．漫旅，2022（11）．

[82] 张鹏杨．昆明市北部乡村旅游开发研究［M］．北京：中国旅游出版社，2020．

[83] 张睿冬，何曦．青岛啤酒博物馆旅游发展研究［J］．漫旅，2023，10（8）．

[84] 张晓洁．茶文化与旅游互动发展的策略研究［J］．福建茶叶，2023（8）．

[85] 张媛媛．基于"新钻石理论"的旅游产业竞争力分析及提升策略——以天津市滨海新区为例［J］．旅游纵览，2022（3）．

[86] 张哲．分析区域旅游资源开发中的环境保护［J］．资源节约与环保，2019

(3).

[87] 张志勇. 内蒙古旅游产业集群发展刍议 [J]. 内蒙古科技与经济, 2022 (18).

[88] 赵传松, 任建兰, 张宝雷, 等. 中国旅游产业生命周期判断及其时空格局演变 [J]. 统计与信息论坛, 2019 (9).

[89] 赵英子, 刘璐璐. 智慧旅游景区建设策略思考 [J]. 绿色科技, 2020 (17).

[90] 周琼, 赵杰. 沿海城市海滨旅游区域交通发展策略探讨 [J]. 交通科技与管理, 2021 (3).

[91] 周天沛. 乡村旅游特色小镇的发展路径与对策研究 [J]. 产业与科技论坛, 2020 (17).

[92] 朱春雨, 曹建生. 生态旅游研究进展与展望 [J]. 中国生态农业学报（中英文）, 2022 (10).

[93] 邹统钎. 旅游目的地地格理论研究 [M]. 北京：中国旅游出版社, 2022.